U0100202

大展好書 好書大展

大展好書 好書大展

序

世上諸事盡是無法如意順行的殘缺。無法和心愛的人廝守，工作阻礙重重，身體不適等等，難道我們都必須把這些不如意，託諸命運的捉弄而放棄嗎？

解決這些難題的方法中，能夠拯救人們免於苦難，達成衆人願望的，那就是已經漸漸發達起來的「符咒術」。

「符咒術」的世界實在是深奧又不可思議的境界。據曾施行「符咒術」的人們表示，其效果驚人，尤其是有修行的人來施行符咒術，更可以達到預期的效果。

本書不僅將讀者所最關心的內容，詳細地分類，對於有關超靈能力的部分，也細作說明。

這些符咒術是化解人的苦難，使人生更明朗，更幸福的法術，希望讀者諸君，若能體諒我著書的本意，不藉此害人，隨意亂行或用於不正當的途徑。

雖然奉勸大家不要懷恨、猜忌別人，可是往往也有不得已的時候，不過，如果無時無刻為怨恨所纏繞，自己的個性必定變得晦暗，甚至運勢也變得不佳。

人的一生是極其短暫的，希望各位為了自己的幸福著想，把一切厭惡不順的事拋諸腦後，快樂地、積極地走完人生。

即使是在施行「符咒術」時，希望各位萬萬不要以私利為先，應該把自己獲得的幸福也分享給他人。

同時，希望大家不要什麼事都不做，只依賴「符咒術」來達成心願，要試著在各方面努力。

在人生中，欲使一朵花開得燦爛美麗，也要和耕田、播種一樣地，在每一個階段都必須審慎待之、細心培育才能見效。因此，如果這本書能多少對您有幫助，實在是筆者最大的榮幸。

心理準備

符呪術不管以呪文或靈符，甚至其他各式各樣的材料來施呪，其根本還是在於有無將「精氣」貫注其中。

因此，必須集中精神，切勿分散「氣」。如果心中存有「符呪術真的有效嗎？」「大概沒效吧，姑且一試」這般的懷疑，似假若真地來施呪，是絕對沒辦法奏效的。

另外，必須牢實地細讀施呪的程序，在相當把握之下再做。為什麼呢？因為符呪術並不是口誦呪文、寫寫靈符，或者依施呪程序演習才開始，它從施呪前的淨身、清理房間、準備施呪用具、塗墨等階段開始，就在冥冥中發生效力了。

所以，當您一旦決心施行符呪術之時，必須事先潔淨身心才行。

為此，試行修鍊符呪術的人，平常就在冰冷的瀑布下淋浴，或者沐浴冷水，使身心無塵埃雜念。

而一次的施呪就想把各種願望都達成的人，必定散其「精氣」，所以，請務必一次施呪成功之後，再接著做其他的符呪術。因為，一次施呪要完成幾個願望，效果往往不盡理想。

以上是幾點在施呪前及施呪當中所必須有的心理準備，希望大家能夠好好地遵行留意。如此一來，您應該也可以成為一名優秀的施呪大師了。

符呪術的作法

施行符呪術能否真正達到效果，我覺得這和有沒有正確地把握施呪的程序之間有很大的關連。

認為符呪術只是在寫靈符、誦呪語的時候才發生效力的人，似乎意外地多，實際上在這之前的淨身、清理房間等，已經屬於施咒的範圍了。因此，必須全神集中注意力才能奏效。

現在，就把施咒程序中共通的要點說明如下，而每一個符咒術的個別施咒差異，在每一段落中都有詳細的解說，請參照二者，好好地施行符咒術吧！

《作　法》

【清理房間】　在房間內施咒的時候，一定要把房間清理乾淨。當然，清理整齊是必要的，另外還必須用掃帚、吸塵器等去除塵埃，最後在各個角落用抹布再擦拭一遍。

【淨身】　本來沐浴於瀑布之中，才是真正的淨身方法，不過，事實上有其難為之處，所以變通的方法，是用沐浴或者是淋浴來淨身。如果，無法沐浴的時候，請用濕毛巾擦淨全身，並且漱口、梳頭、洗手。

在施呪過程中如果受到阻礙，效果盡失。所以，必須事先上完洗手間，電話也儘量搬離房間。

另外，睡眠不足、體力衰弱或者喝過酒後的施呪，都沒辦法達到效果。

同時，必須避免無定期的，一次兼施許多符呪的情形，因為，這樣會使您的效果減半，或者無法順利達成心願。

【服飾】白色或接近白色的寬鬆衣服最好。本來，全新的衣服最恰當了，不過，如果是洗得很乾淨的衣服也無妨。

【道具】一般東方體系的呪符，用毛筆寫在紙上的較多，而西方體系的呪符則利用奇異筆或原子筆，以尺或圓規來書寫的情形較盛。而不論是東方的道具或西洋的道具，它們的共同點都是必須是全新的才行。使用老舊或污損的東西，將使效果減半。

【施呪時間】時間是依據施行的內容與希望而不同，不過，一般都是在深夜一點到清晨五點，清晨氣最強的時間裏進行。傍晚四點到六點之間，最容易引來低級靈魂，因此，請避開為妙。

【處理】　這也是因事而有所差別，不過，經過了一定時間之後（最長大約是一年）就必須把道具處理掉。可以燃燒的東西就燃燒，或丟到河川裏。（寫壞了或失敗的道具不要隨意丟棄，一定要燃燒後，丟到河川裏。）

不能燃燒的東西，把它埋在人眼所不及的地裏約30.公分深處，或者丟入河中。不過，從神社或廟裏取得的東西，最好在原地處理掉較好。

以上的注意事項，如果能夠確實地遵守，就可以完成相當神效的符咒術了。

目錄

第二章 交際應酬的符咒術

第三章 學業工作上的符呪術

第四章 休閒方面的符咒術

第五章 使您健康的符呪術

第六章　護身的符咒術

第七章 開運的符咒術

第一章 愛的符呪術

1 確保夫妻恩愛的符呪術

既然有緣結爲夫妻，誰不希望能相敬如賓、百年好合。可是想歸想，實際上，有很多夫妻一照面說沒二、三句就吵起架來。像這種夫妻生活簡直毫無情趣可言。

爲了這些夫妻，在此特別介紹一種可以使夫妻永保和諧恩愛的符呪術。

首先請準備一張白紙（約長24公分寬34公分大）、朱墨（請不要使用墨汁）、新毛筆等。

施法前請先將室內打掃清潔，把自己身體各部分擦洗乾淨。施法的時間要在清晨。

施法開始。將朱墨磨得勻濃，用新筆沾上，在事先備好的白紙上，一氣呵成地畫如圖所示的咒文。完成後這張畫著咒文的紙，就叫做「靈符」。請把這張靈符貼在壁龕裏或牆壁的高處。然後每天早晚對此唱誦「祈請庇佑我們夫妻和諧恩愛」。如夫妻二人一起來祈求唱唸，效果會更好。

這種靈符有效期間爲一年。一年後請重新畫。經我指點使用此靈符的夫妻，每天不斷實行的結果，據說不但很少吵嘴，感情也逐漸好轉了。

2 永保愛情不變的符咒術

俗話說「愛是永恒的」，可是人嘛！誰都難免有一點七情六慾，所以永恒的愛情，有時也會發生變卦。我這樣說，目前正在熱戀中的讀者或許會不以為然吧！

因此，這裡我提供二種確保愛情不變的符咒術，給大家做參考。

第一種是利用雌雄麻雀腦髓的咒術。

首先請設法找來一公一母的麻雀，取出其腦髓。接著把牠們完全燒成灰。再將此灰混在茶中泡給自己心愛的那個人喝。但是無論如何都不能讓對方知道這件事，這樣效果立刻顯現。

第二種則是一般的符咒術。

首先請準備二張4公分正方的紅色厚紙和自己及對方的毛髮少許。施法的時間要在清晨。

施法開始先將二張紅紙裁成八角形。並分別在其中央寫上自己的姓名和對方的姓名。書寫時，請注意必須用清水把墨磨得勻濃，然後要全神貫注一氣呵成地書寫完畢。最後有書寫的那一面相對著合起來，中間則夾著兩人的毛髮。旁邊再用膠帶或膠水，很仔細地黏結好。

完成後的八角形體再用線繩串起來，掛在脖子上，這樣就能永保愛情不變。

3 早日與意中人成眷屬的符咒術

有了心上人但却遲遲無法結成夫妻或年齡徒長却未曾邂逅到理想的人選。親愛的讀友您是否有或知道有類似的境遇呢？俗話說「千里姻緣一線牽」又說「姻緣是天註定」。人際關係都是靠一個不可思議的「緣份」在牽動著。親子、兄弟、朋友、情侶、夫妻等都絕不是偶然結合成的。其間多少都有一點緣份的關係。

以下我就將能使這種緣份趕快到來的符咒術介紹給各位！

首先是適用於已經有對象的符咒術。

這個符咒術需要剪一塊對方衣服的布（或手帕等亦可），但這事一定不能讓對方知道，否則就沒有效果。

把從對方衣服剪來的布裁成寬2公分、長10公分左右。接著也把自己的衣服裁成同樣大小的布條。再一邊一條地交叉編織起來，最後像網那樣綁好。完成後的東西要用袋子裝起來（請不要使用塑膠袋），白天帶在身上，晚上則要放在枕頭下。

另外，如果還沒有對象的人，則請準備一條紫色的絹布。

並在這條布裡寫上自己的心願，再結綁在自己的小指，除了入浴外，請不要拿下來。

這樣，那份肉眼看不見的緣份就能很快到來，讓您早日情有所歸。

4 攫住意中人的符咒術

我喜歡的人不中意我，不喜歡的人却偏偏常來獻殷勤……。人生不如意，十常八九，可是您不想轉敗爲勝嗎？那麼請您來施行下列這個符咒術，保證將使您在愛的旅途上稱心如意。要切記，這個符咒術一年只能施做一次，萬一失敗了就必須再等一年才可以。不過，如果眞的那麼喜歡對方，多等幾年都不在乎的，所以這大概不會是什麼大問題。

這個符咒術要在每年二月四月以後的第一個黃道吉日來實施。施法的日子一經決定了以後，在前一天就要把各種用品準備好。要準備三張紅紙（每張大小約24×34公分），芥子三十粒、墨、硯台、毛筆、香等。

然後請將芥子分成三份，每份十粒。接著用清水把墨磨勻、秉氣凝神、專心一致，一氣呵成地在三張紅紙的中央畫如圖所示的咒符。注意中途絕不可稍有分神中止。然後在咒符的左側寫上意中人的姓名和生辰年月日，右側則寫自己的。完成以

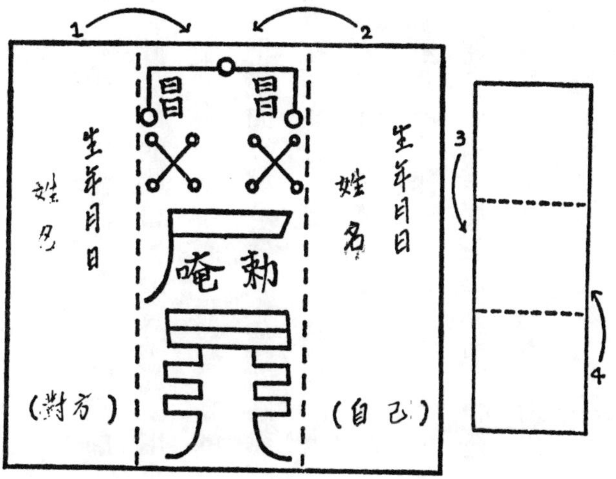

後，再各自包上十粒芥子。折法則如圖所示，先折左側再折右側，最後把上端往下折，再由下端往上折。用膠糊粘好。另外還要一邊焚香一邊在心中想著對方。

經過這些手續後，在二月四日以後的第一個黃道吉日時，您就把這三包靈符帶到對方的家，一個藏放在大門旁，一個埋掩在厠所前，最後一個則放在窗櫺夾縫中。做完以後就趕緊回家。因爲萬一被人看見了，效力就會喪失。而且行動不夠高明時，說不定還被誤認是小偸。另外還要注意的是那一天請儘量避免與人交談或看電視等以免靈氣渙散。

5 召喚愛人的符咒術

心中非常渴望與愛人約會見面，但自己既不能表現得太積極，又沒有什麼可促成彼此見面的機會，這時請您使用下面這個符咒術來召喚您的愛人吧！

請準備一面手鏡，最好是新的。接著用布沾鹽水（在清水中加入一撮鹽攪拌均勻）把鏡面擦拭乾淨。等鏡面水氣乾燥後，再用毛筆沾濃墨，把愛人的姓名和肖像畫在鏡面上。這塊「靈鏡」白天要帶在身上，晚上則放在枕頭下，這樣在不知不覺中，它就會把您的愛人召喚到面前來。當然這個法術也不能讓他人發覺，否則靈效就顯現不出來。

還有一個符咒術也有同樣的靈效。

請準備白紙（大小約6×34公分）、縫絲綢用的針（請用新的針）、墨、硯台和新毛筆。

然後精神集中，把墨磨勻濃，用毛筆沾勻，一氣呵成地在預備的白紙上寫下對方的姓名。接著用針對準靈符的正中央刺下去。再把它帶到對方的家去，刺釘在其門口內的向北處。這個過程千萬不能被人撞見，否則前功盡棄就要重新再做一次。

前敘二種符咒術，其有效時間都是一年。要注意願望實現時，第一種作法的鏡子，在一年後就將其打破。

6 庇佑結交到愛人的符咒術

因想要趕快找到結婚對象而去找人幫忙的人，他們對理想中的愛人幾乎都有一個共通的憧憬。

首先就是希望對方很老實而且保守，說話很溫婉、不囉嗦或聒噪、經常笑臉常開、服裝樸實等。

但我認爲想要找到什麼樣的對象，首先當事者就必須表現得像理想中人那樣。否則卽使施了什麼符咒術，也不見得有效果。因此要實行這種能早日交到愛人的符咒術，希望當事者也要經常保持笑臉，不要老是一臉鬱鬱寡歡的樣子，另外服裝的顏色也要搭配得比較明朗一點。

施行這種符咒術要準備鮮魚的內臟一副、紅紙、香水或古龍水（請勿使用噴霧式的）。

首先請把活魚的內臟取出（一定要親自動手做，否則就沒效。魚的大小則無關

緊要）。

取出的內臟用紅紙包著。然後打開窗戶，並燃燒包有魚內臟的紅紙包（燒出惡臭以便引出邪惡之靈）。這時當事者必須同時唸著「請賜給我找到好對象的力量吧！」的呪語。等快燃燒完前，請滴二、三滴香水。然後您只要等待靈效的顯現就可以了。

7 讓您夢到想要夢的符咒術

自古以來，「夢」就被認爲是一種具有深奧天機且不可思議的事。詩聖李白有「五夢說」將夢分成五種。日本玄惠法師則將夢分成四種，叫做「四品」。但我個人認爲夢只要分成二種就可以。一種是隱含著預知神靈的託夢。另一種是因白天的遭遇或心中過份強烈欲望所造成的，日有所思、夜有所夢的「雜夢」。

我經常有神靈的託夢而預知事機的經驗，而且事實上一個普通人也能夠控制「夢」的。只是那必須要經過相當的訓練才有辦法達到這份能耐。這裡我要介紹一個符咒術，讓您不須經過訓練，只要使用這道靈術也有辦法達到控制做夢的能耐。

施行這道靈術請準備白紙（大小約12×34公分）、朱墨（不可使用墨汁）和丁香（不可用粉狀物）少許。施法的時間要在淸晨。

首先將朱墨磨濃，再用毛筆沾上，把想要做的夢的內容寫在白紙上。例如，假如是想夢見某人時，就把那個人的姓名和生辰年月日寫在紙上。然後把這張紙放在枕頭下。睡覺時再把睡衣褲反過來穿，口中再含一點丁香，這樣睡覺時就能如願以償地夢到想要夢見的事物。剛開始一、二次或許會失敗，但請不要灰心地繼續嘗試下去。

8 測知意中人心意的符呪術

對於戀愛中的人來說，其最想知道的，我想大概莫過企盼洞悉對方對自己的看法吧！戀愛中人的心是最敏感的，對方的一舉一動、一顰一笑都足以令人憂喜交加。那麼，我就來介紹一個能讓您預知意中人心意的符呪術。

首先請準備10公分正方的薄紙一張。並請把您的意中人的姓名和生辰年月日寫在紙上。然後選一個天氣良好的夜晚，在您住家的北側土地上挖一個30公分深的洞穴，並把這張紙埋在裡面。這時，紙張放的位置要使姓名朝南，生辰年月日朝北。

過了12天後再將其取出。然後在一張20公分正方的紙上畫六條線（如圖）並在線端標上12生肖的名稱。再把取出的紙疊在其上（姓名在北，生辰年月日在南。馬在北而鼠在南）。最後再觀查看已經髒污的部分是對在那裡。其論斷則如下：

鼠＝雖然中意，但却一直不敢表達出來，而自己也正為此焦慮著。

牛＝對你有點懷疑。如能化開對方的誤解，就會對你產生好感。

虎＝正希望你能來和他搭訕。

兎＝稍過一段時間就會對你很好。

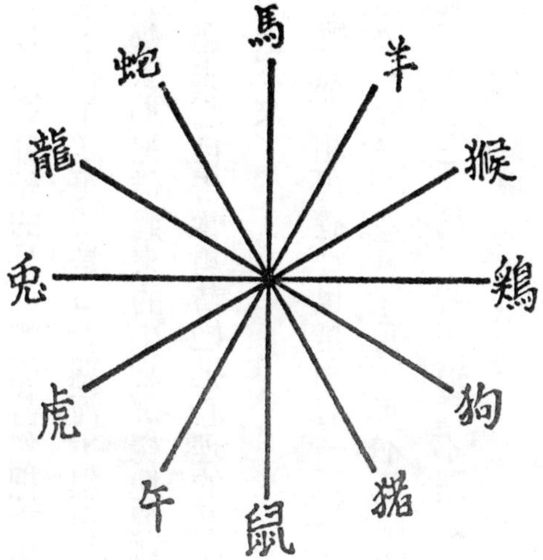

龍＝對你擁有絕對的好感。或許正在找機會進一步的行動。

蛇＝對你有興趣。但必須小心，否則反會把關係弄糟。

馬＝不久，大概會向你做愛的告白。

羊＝老早就愛著你，只是很愼重地在觀查你的言行擧止。

猴＝對方比較希望結交到智慧型且年齡稍大的異性。

雞＝現在，對方還有其他的心上人。而且對異性並沒有多大的興趣。

狗＝並沒有把你當做是一位很特別的異性朋友來看待。愛不愛，這完全要靠你這邊的行動而定。

豬＝對方正爲其他的事奔忙、沒有空閒。目前一點機會也沒有。

9 傳達相思情意的符咒術

以下要介紹的是一道能替您把相思之情傳給對方的符咒術。我有一個職業上的朋友，在平常可說是口若懸河，很會說話，可是一在自己愛慕的異性前，卻會變得像從鄰家那裡借過來的小貓那樣地溫馴畏縮。甚至一句話都說不出來。有時我實在看不過去想自告奮勇替她把心理的話告訴對方，但每次都被她「不要啦！不要啦」地阻止下來。

雖然單相思確實也是別有一番滋味在心頭，可是，如果這種愛慕之情也能讓對方知道，那豈不是更好嗎？要不然由於這麼一矜持，明明是絕配的好姻緣也有可能因此不了了之。爲了避免這種不遇之憾，下面特來介紹一道不需明講而對方也能明瞭你心意的符咒術。

要做此符咒術請準備一片3公分大小的貝殼、朱墨、硯台、毛筆、紅色的絹布、蠟燭等。

時間請選在滿月的夜晚。
首先用毛筆沾上濃匀的朱墨，在貝殼內側中央寫一個「思」字，接著把自己的姓名寫在其下面。書寫完畢後請用紅絹布包起來，並用蠟燭的蠟把它封好。然後趁著月滿之夜把這包東西帶到對方住家的西側埋好。要注意動作務必謹愼小心。東西埋好以後請趕快回家，萬一途中與人相遇，請不要正視對方的視線。

這麼一來，您的心意很自然地就會被對方感受到。

10 讓您收到情書的符咒術

要是能夠收到心愛的人寫來的信，那怕只是一張禮貌上的賀卡或慰問信，想必也都令人非常欣喜。

記得住在南部的A小姐就曾爲了這種事而來求我幫忙。「很久以前我就一直想著，要是我心中嚮往的那個人能給我一封信，那不知有多好……」。

當時我就把下面這道會讓心愛的對方寫信來的符咒術敎給她。據說，沒多久，A小姐果眞就收到了對方的信。

做這道符咒術，要準備一封對方寫的信（賀卡或慰問卡都可以）、沈香、黑墨、硯台、白紙（4×34公分左右）四張。

首先將對方的信和一撮沈香，一起燒成灰。接著把這灰用瓶子裝起來備用。（這些灰可分好幾次用）。

再把灰倒一點在硯台上，和墨一起磨勻。這時，施法者必須摒除雜念，集中精神，腦中只想著對方正在寫信的姿態。接著用毛筆沾這混有紙灰的濃墨，在預備的四張紙上分別地畫上如圖所示的呪文。（注意書畫時必須一氣呵成）

完成後的四張靈符，一張丟到河裡、一張丟向空中（因爲避免掉下來，所以投向屋頂亦可），一張再和一攝沈香一起火化，最後一張則留在自己身邊。

這些動作必須在一天之內完成，並且不能被人看見。中途要是精神渙散或被干擾中斷，則靈效盡失。請愼重考慮選擇施法的時間。

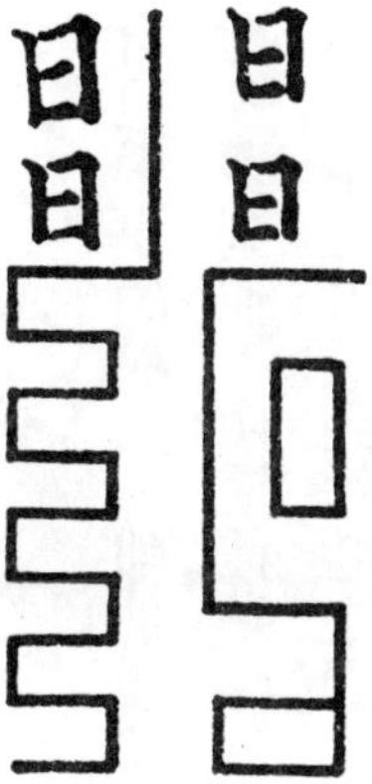

11 讓分離了的戀人回心轉意的符咒術

對一個自己愛慕的戀人，卽使說要分開了，可是怎麼也忘不了，甚至情思縈遶，連做夢都還會夢到他。像這種藕斷絲連而煩悶的人大概不少吧！

愛的煩惱的確令人感到錐心之痛、令人難耐。找第三者訴苦也於事無補，而且就算是讓時間來治癒一切，但時間的脚步也不會爲您而加速。到頭來，還是一個人悲傷地嘆息……。

萬一有人不幸陷入這種境遇，就請用下面的符咒術來幫助他（她）喚回愛人的心。

要準備的東西是一只金色的手鐲（用便宜物卽可）和那個愛人身上常用的任何一樣東西。

做法是把對方的東西拿在左手，而把手鐲掛在右手。接著，先把手掌擧到面前，然後依次從大拇指到小指，每次彎曲一根手指就唸一次對方的名字。這樣反覆做

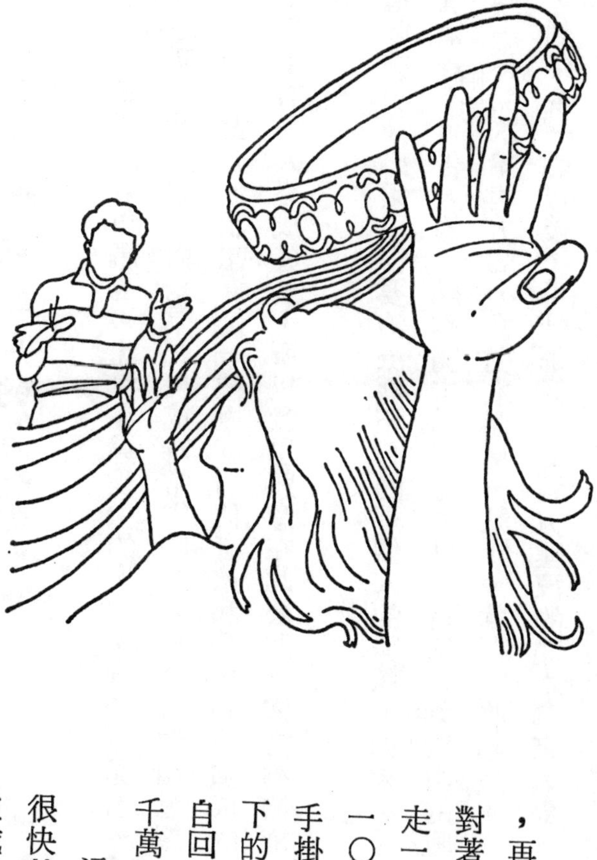

10次。

上述行動完成後，再從自己的家門口對著對方住家的方向走一〇七步。走到第一〇七步時，就把右手掛的金手鐲丟在脚下的地面，然後就逕自回來。歸途中切記千萬不可回頭。

這樣離去的愛人很快就會回心轉意再來找您了。

12 治癒嫉妬心的符咒術

愛是交織著快樂和痛苦。沈浸在戀愛中的人中，很多都是有愛情煩惱的人。其中也有因深愛著對方，而結果却變成時常爭吵或互相傷害的相尅關係。由於愛得太深進而干涉到對方，我想這是一種極度的佔有慾和嫉妬心所造成的。

願天下有情人終成眷屬，所以我也願意在此公開一道能夠治癒這種嫉妬心的不傳祕法。

這個符咒術必須取得要治療嫉妬心的那個人的唾液，如果不是施法者本人，（因這咒術是不可告人的）就拿開水給對方喝就有辦法採到對方的唾液了。例如，在早晨端一杯開水給對方喝，當開水還剩一點時，就把它收起來。

等到午夜一點以後，再把那杯溶有對方唾液的開水拿來磨墨。（注意這些含有唾液的水不能放太久，否則會沒有效果）如果要治嫉妬心的是施法者本人，則用自己的唾液和水來磨墨。

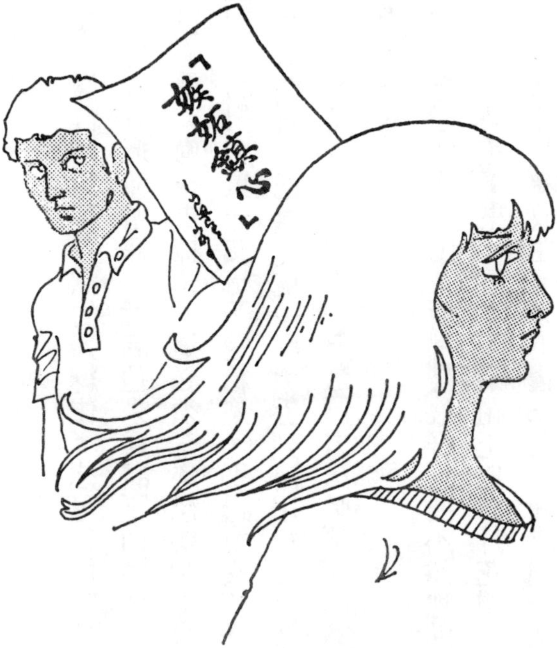

然後在一張兩面都是紅色的紙的中央，寫上「嫉妬鎮心」四個大字，並在左側用小字寫出要治嫉妬心的人的姓名和生辰年月日。最後再把這張靈符折好，讓要治嫉妬心的人帶在身上。

但不論如何絕不能讓對方知道這件事情。

13 讓討厭的人不再來糾纏的符咒術

被一個自己所不喜歡的人纏住，想甩也甩不掉。這不止是痛苦而且是一種折磨。萬一有人有這種苦惱，就請他來嘗試下面這個符咒術，保證效果良好。

首先請準備一支梳子。這必須是您想要和他分開的對方的日常用品，萬一拿不到就設法請對方買一支梳子送給您。不過這支梳子要寫上對方的姓名，然後選一個偶數的星期日，把這支梳子拿去丟到河川裡。注意，這個動作決不能被人看到。

另外，還有一個方法。但這個方法必須在山茶花盛開的時期做才有效，而且一年只能做一次。

如果自己家種有山茶樹那是最好，要不然您就去找一棵距離最近的山茶樹，然後摘一朵山茶花下來。再從這朵花上取三片花瓣，其餘的則埋回這棵茶樹的底部土中。把這三片花瓣放在陽光下曬三天。同時到一個河川分成二股的分水處去汲一些水回來。再用這些水來磨墨，接著用毛筆沾此墨在白紙（約12×34公分）上，書畫如圖所示的咒文。做這個動作最好是在深夜二點左右。

用完成的靈符包好三片花瓣，再裝進布做的袋子，最後用帶子綁好，從脖子斜掛到右脇下。

如果對方是您恨不得早點離開的人，就把靈符做的很小，然後把它和三片花瓣一起吞下。

實行這個符咒術的日期，要選在每個月的第一個凶日。並且決不能被人發現。

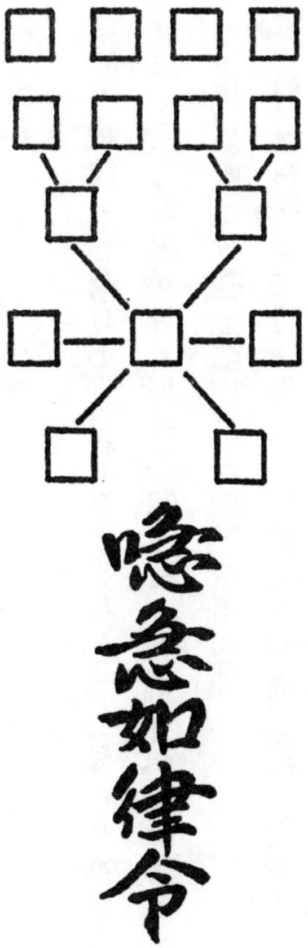

14 封殺花心色鬼的符咒術

不論在什麼時代，好像有不少愛情不專的花心「色鬼」在蠢動著。要是自己所心愛的人竟然是花心大蘿蔔時，那眞不知道有多痛苦。甚至無時無刻都爲此而疑神疑鬼，白天不思茶飯，夜裡無法成眠，而變成神經質。

當一籌莫展、百法盡失時，您何不來試試下面這個足以封殺任何「花心色鬼」的符咒術。不過，事先要聲明的是此法要是被對方知道，靈效就會全失，所以請小心從事。

首先請先到寺廟去參拜管夫婦或情侶和好的神明，並和寺廟中的人討取這尊神明的香灰（不要說出目的）。接著準備一紙白紙（約4×34公分），在清晨或午夜，用這些要來的香灰磨墨，集中精神，一氣呵成地書畫如圖所示的咒文。

完成後的靈符，折好用香火袋裝起來並讓對方帶在身上。這時如果對方硬要知道裡面的內容，那就告訴他那是保佑平安的香火袋卽可。

一旦帶著這個靈符，即使對方想到偷情，馬上就會被打擾或發生麻煩，這樣他自然就逐漸不再嗜好此途了。大約一年以後，花心色鬼自然消除。

但即使對方已不再花心，您也絕不能提到此事，否則難保「舊癢」不再復發。

切記！切記！

15 戰勝情敵的符咒術

要和一個心愛的人達到相親相愛的地步，是很不簡單的。而且要是中途再殺出一個程咬金（情敵）那這條愛的路程就眞的夠坎坷了。

這時候如果您還只是一個人關在房裡胡思亂想，恐怕不但於事無補，反而使自己陷入苦惱的深淵。

一個整天心事重重、愁眉不展的人，會有什麼魅力可言呢？與其如此，何不積極地來做一些事呢？下面我就介紹一個能讓人戰勝情敵的符咒術。

首先找一個房間，把電氣全部關掉，只點一根蠟燭。再準備一張白紙、有尖銳刀尖的刀子、墨、毛筆、硯台等。

把墨磨得勻濃，用毛筆沾些在白紙上寫下情敵的姓名和生辰年月日。再用刀尖在紙上劃一個「×」。注意這時候必須集中精神，全神貫注。

另外，施行的時間要在午夜二點，並且不要被人發現。

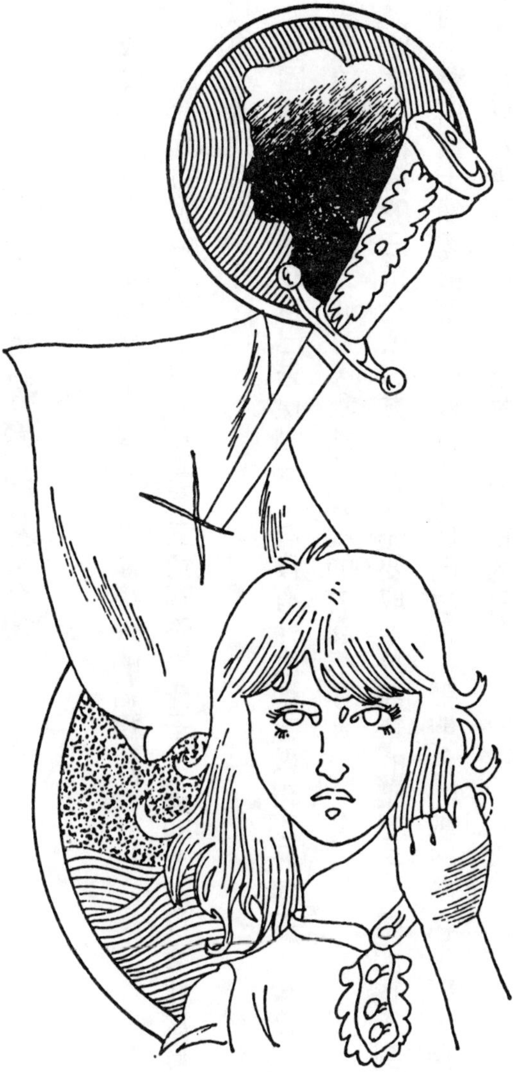

照這種作法，連續做一個禮拜，您的情敵會對您的愛人死心而離去。可是，萬一這個符呪術失敗了，您可能就變成敗北者，所以請慎重行之。

16 化解三角習題的符咒術

我曾經接到某位女性寫來向我求救這類事件的信函：

「最近我的他神祕兮兮地，好像有三角關係的樣子。請問，有沒有什麼好辦法可以來化除這種危機……」

我回信告訴她應該自己先檢點一下有沒有什麼地方做得不好等等，後來又把解消法教給她，過不到三個月，我就接到她的答謝信了。

要做這種消解三角關係的方法，首先要取十片蕺草的葉子。一時間找不到，則可到中藥店買十錢乾蕺草。另外再準備玻璃瓶、一張藍色的紙(顏色不要太深，大小只要能裝入瓶內卽可)，以及一根微粗的針。

一開始，請把蕺草葉裝入瓶中，再加入半瓶水，接著用蓋子封緊，存放十三天整。到第十四天，才把蕺草葉拿出來埋在土中。

另外用針在藍紙上刺一個眼睛的形狀和那位情敵的姓名。完成後，再把它放入

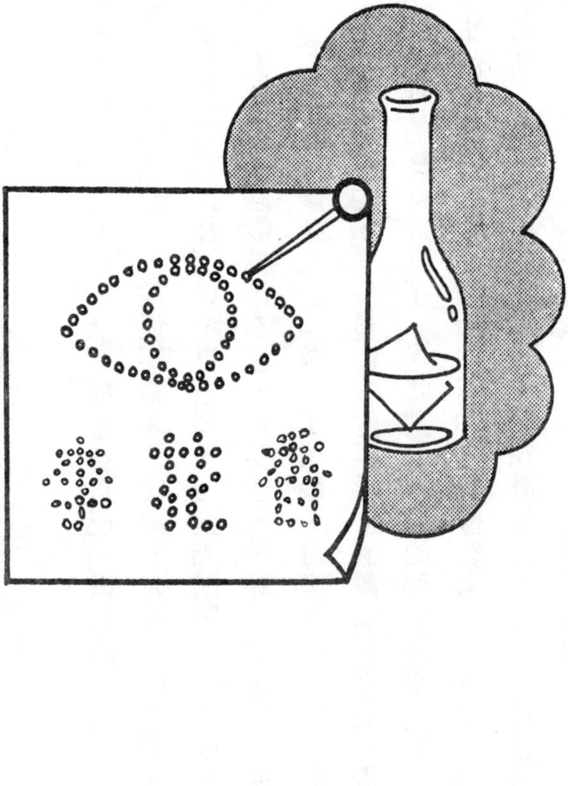

瓶中。然後您每天就繼續不斷地想三角關係一定能化解。

這樣那位情敵就會逐漸疏遠。

當然在這中間請不要忘了打扮自己，笑臉常開多加注意自己的儀容舉止。

17 讓您廣得人緣的符咒術

經常有許多很不得人緣，而又極想替自己「改運」。這些人在穿着打扮上看來就很邋遢，一見面就給人一種很不整潔的印象。人嘛！既然要在社會中生活，雖然不需要像影歌星那樣東抹西塗把自己裝扮得金光閃閃，但至少也總得要穿着整潔。如果連這一點基本的禮儀都作不好，那要想人緣好，吃得開，就無異是痴人夢想了。等這個最起碼的「修身之道」做到了以後，再來進行下面這個符咒術。

首先，在每個月的第一個星期五的早晨，到離家最近的寺廟去要二片寺廟神木（寺廟中最大棵的樹）的葉子。這時請向寺廟的神明祈求寬恕後再去摘取。

摘回來的二片葉子中，一片把它和一塊檀香木一起置在布裝的袋子（香火袋亦可），隨時帶在身上或用線繩串起來掛在脖子上。另外一片葉子，就用紫色的絹布，同樣地把它和檀香木（一小塊）包好，然後用針線縫好，再把它埋在原本那棵樹的根部土中。這樣就大功告成。您可以開始準備迎接彩色般的綺麗人生了。

第二章 交際應酬的符呪術

18 讓您廣受歡迎的符咒術

有許多影歌星之所以成爲大衆情人，都有一共通的特點，那就是他（她）都具有很明朗的個性。或許我也可以反過來說，他們知道想被大衆喜歡就必須經常保持笑臉和爽朗。

下面我們來介紹一道能讓人廣受歡迎的符咒術。不過在這之前我想把多年來與無數人交往過所得的感想提出來供各位參考。

有一句話說：「小人閒居則不善。」這句話本來的意義是說一個思慮膚淺的人，一太有空閒就會做出不正當的事。我的解釋認爲，人太空閒，就會發悶、無聊，逐漸意氣消沈、陰鬱。相反的，一個忙碌的人，他根本就沒有時間去感到無聊或長噓短嘆。也就是說一個能廣受喜愛的人，他一定能很有效地支配自己的時間。

那麼要能廣被喜愛的符咒術又怎麼做呢？

首先，請準備正方形的金銀紙各一張、紫丁香花二朵、自己的頭髮二根。

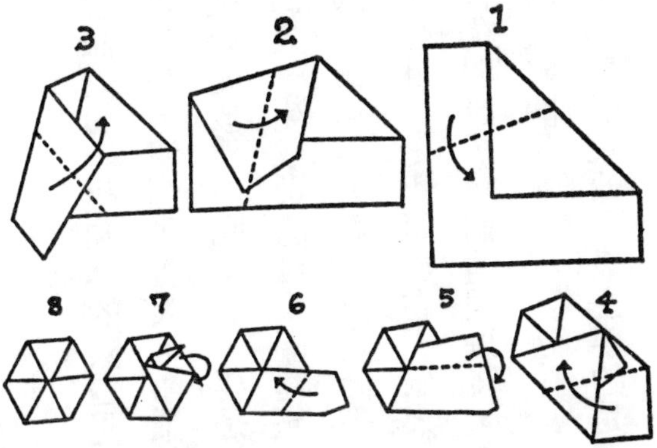

金紙、銀紙上各放上一朵紫丁香的花和一根頭髮，接著如圖所示折成六角形。剛開始做可能有點困難，所以請先用別的紙練習，熟練了以後再做。六角形折出來以後，最後就把突出來的部分折到內面去。

六角靈符完成以後，金色的就丟到自家屋頂上，銀色的就丟在走廊下，如果家裡沒有走廊時，則把它淺埋在土中。

不過必須注意的是掩埋的場所，不要選在人經常走動的地方。當然施做時更不可被人看到。

19 保持良好人際關係的符咒術

我想人的一生和他的際遇是相配合的。小時遇到良師益友長大就能堂堂正正；有了事業時，遇到了貴人，事業就能蒸蒸上昇、飛黃騰達。

把眼光放遠一點來看，要是沒有什麼臨時的大變卦，周圍的人事物可能就是決定這個人一生成敗的最大關鍵。一個很容易就和人發生爭吵的人，無異就如同在自我削減「命運」，逼自己走向失敗。這種人除非去做那種只要他個人的技術就能完成的工作外，是不可能在一個大團體中發展的。

首先明瞭了這個道理以後，然後再來施行下列的符咒術，才能保證您會有一個圓滿的人際關係。

要準備的東西，最主要的是鳥的羽毛（七根小羽毛）。儘可能找顏色比較漂亮的。

首先用筆沾溶有金粉的溶液在羽毛上像圖示那樣畫上人的形狀，並選其中一根

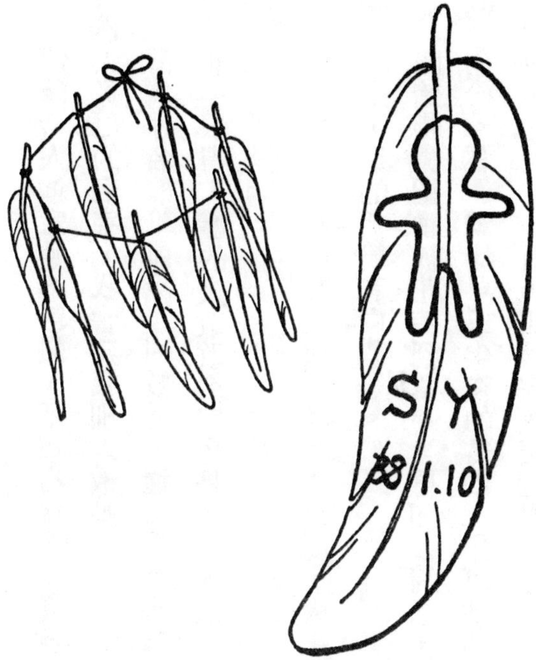

寫上自己的姓名（用英文拼音時的第一字的大寫），和生辰年月日。然後用藍色的絲絹把它們連結成環狀（如圖）。

接著再用動物皮做成的袋子把這些羽毛裝起來。隨時把它帶在身上，當要和人交際應酬前，就隱密地將它拿出來，並在心中默唸著「祈求交際圓滿」的呪文。

另外在與人發生爭吵時，就暗地裡用手摸著這個「靈袋」自然會使您心平氣和。

20 聚集人緣的符呪術

偶爾替人鑑定姓名筆劃，所以有機會接觸到各式各樣的姓名。對於那些可能帶來極大災厄的名字，我會建議別人改掉。

當然姓名的筆劃除了凶數外，還有很多吉數。其中也有讓人帶有人緣的劃數。因此想要很得人緣的人改改名字也是一個辦法。此外也有一種可以掌握人緣運的符呪術。

首先請準備四張有某種程度厚的藍紙，大小約7×4公分、金粉少許、蕃紅花二、三朵，新的毛筆和白碟子。

開始時先把番紅花裝到瓶中，再加入清水，然後浸泡三個晚上，再用這些水來溶解金粉。選一個清早或半夜的時間，用筆沾這事先備好的金粉水在藍色紙上書畫如圖所示的呪文。最後四張完成後的靈符貼在房間接近天花板的四個角落。

這樣您就會受到靈符的靈氣而變的很有人緣。

神奇的「白」符咒

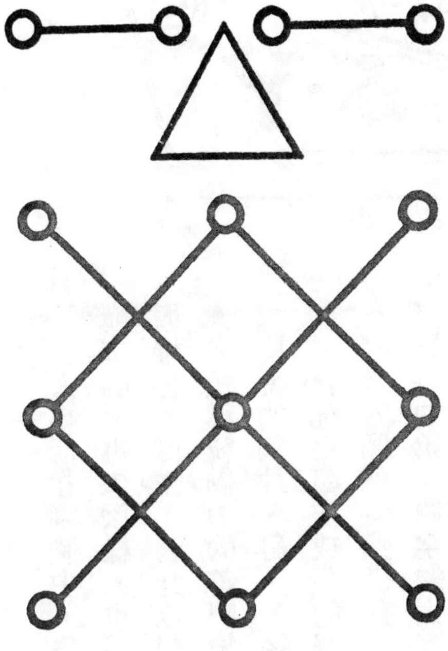

21 獲取領導統御的符呪術

人生活在團體中，沒有一輩子喜歡聽人呼來喚去的。再怎麼樣，也都希望有朝一日能嘗到掌握權柄的滋味。因此我想下面就來介紹一道能讓人有領導統御力的符呪術。要準備的東西有：一塊極薄的銅片、釘子、鏈條或線繩。

首先用釘子或尖的器物在銅片上刻出一條蛇（請參考圖例）然後在圖形下刻上你姓名在英文拼音時的第一個字的大寫。例如楊三則三（S）、楊（Y）。接著圖上方再打個洞，用鏈子或線從中串起來，掛在脖子上，那不論做什麼，您將很快就會變成領導者。如怕銅片的邊會傷到皮膚，可以事先用銼刀之類的工具將它磨滑。

22 使家人信任你的符咒術

要想得到家人的信任，最重要的還是當事者在平時的行爲表現。如果平常調皮搗蛋經常惹事生非，那麼任他再怎麼使用符法呪術，所得到的信用，還是馬上就會崩毀。因此，除了想靠符呪來取得別人給以信賴外，也奉勸這種有心人在日常的言行擧止上也要努力讓人有足以信賴的表現。

要做這道讓家人信用你的符呪術，須準備一塊5～7公分厚的木板（不可使用三合板）、藍色染料（不可用油漆）以及新的毛筆。首先從木板中挖刻出一個人偶，再用藍色染料把這木板人偶全部塗漆好。接著再在自己的胸口畫一個同樣的人偶，請不要把眼、鼻、口畫出來。

然後再把木板人偶縱横剖成四塊，一邊唸著「請賜給我信用吧……」，一邊用樹葉把木板人偶燒掉。注意必須全部燒掉。

做這個符呪術的時間，要在黃昏日落時，而燒毀人偶要在半夜以後。這一段時間內一定不能被人發現。還有必須記住這種方法一年只能做一次。

23 取得老師、上司信任的符咒術

一個言行舉止都很得要領的人，能很容易博取長上的歡心，做事自然也很順利。相反，一個沒有要領或要領不得當的人，即使只是做了芝麻綠豆大的事，但往往就會遭到嚴厲的斥責或遭受排擠。

我想一個不得要領的人或許是因爲不善與人交際，所以才沒有辦法使自己受到歡迎，但是在需要不斷地與各種人認識、交往的過程中，與其老這樣被誤解，倒不如積極地來尋求別人的理解，這樣人生會比較快樂，也更有意義。

尤其是讓朋友、同事甚至上司或老師都能接受你的話，那麼在人生的各方面將會產生正面的影響。

因此請不要只一味地怨恨自己的拙劣，何不打起精神積極地衝刺，並且來試行下列這道能幫助你早日得到上司或老師的信用的符咒術。

請準備杏仁果七粒、麝香少許、瑪瑙砂（必須眞品）少許、金粉（必須眞品）

少許、沈香少許。

先把上述東西放到一合（一升的十分之一，約〇・一八公升）蒸餾酒中（米酒、威士忌等）放到冰箱中。過了二十一天以後，再把它取出給自己和對方喝。這樣對方就會逐漸信任你。

當然，要怎樣使對方喝下這種東西，這就須看個人的方法了。

24 變成社交家的符咒術

我從小就很保守而且不愛講話。有時甚至還會認爲自己和那種喜歡熱鬧、愛玩、會「享受」人生的人格格不入。但是在我反覆不斷地去修行各種靈能開發後，整個人就完全變了，不但笑口常開，而且也不怕和陌生人講話。人，是可以靠靈術的修行來改變的。至於想要變成一個在人際中能左右逢源的社交家，那麼除了本身要不斷地修身養性、努力學習外，以下所列符咒術也能助您早日達成願望。

施行這個符咒術請準備植物油和味道好的香水（請不要用噴霧式的）。時間最好選在午夜十二點。首先，請在右手的食指套上一枚戒子（便宜物即可）。接著準備一張桌子（最好是圓桌），用乾淨的布把上面擦乾淨。然後把植物油滴在桌子的中央，口中唱唸咒語「阿拉、嗒漢、歐姆尼布斯」。接著用戴著戒子的右手食指在其上左三次、右二次地畫圓。完畢後，換成滴一、二滴香水，並唱唸同樣的咒語，再左二、右三地畫圓。如此共做七天，這道符咒術才算大功告成。而後你會發覺你逐漸地變得很善於與人交往了。

25 讓您的才能受到肯定的符咒術

在社會中有才能卻不爲人知，懷才不遇、鬱鬱而終的人可能不少。因此這裡要介紹一個能讓你的才能受到賞識，讓你依此爲跳板而在社會中嶄露頭角的符咒術。

請準備動物的骨頭一根，一塊只有骨頭一半大的木片，一張稍厚的白紙（大小約24×34公分的二倍大）及一條以植物爲材料做成的繩子（例如麻繩）。

首先如圖所示將骨頭和木塊用繩子綁成十字。接著在白紙上仔細地畫上圖例的圖案和文字。然後把十字放上去，並把自己的指頭弄破使血滴到十字上去。記住不能喊痛或有痛苦狀，否則會失靈。

在血滴下的同時要一邊唸著「浮動盡去，疑慮不來，阿姆囉。」這樣你的才能就能很容易受到賞識。

但是施法的時候，請注意不要被人看到。一被撞見，你可能會中了反詛咒，而魂魄盡散，變成一具沒靈魂的軀殼。

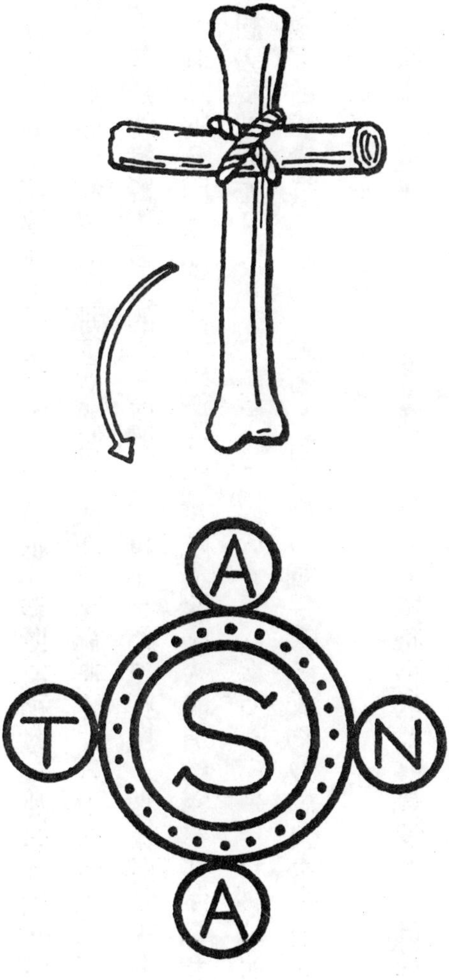
A
T
S
N
A

26 操縱人心的符咒術

人的心意要是能操縱，那多好啊！能夠操縱得隨心所欲，則做事就不成問題；又老師的心思也能夠操縱，那要成績好，大概也不難吧！

還有要是能操縱更多人的心，這麼一來豈不是要風得風，要雨得雨，無所不往，無往不利了嗎？因此如果說有這麼一道符咒術會使人具有這種超能，你相信嗎？你想不想去試試看呢？

要做這種能操縱人心的符咒術，請準備白紙一張（大約12×34公分）和一支蠟燭。

用筆很小心地畫上如圖示的圖案。再把它裝進紙做的袋子內。體燃蠟燭，使其傾斜，讓熔化出來的蠟封住袋口。時間請選在新月的夜晚。並且不要被人發現。

把封好的紙袋，挖一個有30公分以上深的洞掩埋起來。同時要不間斷地唸著「阿咕、拉姆、伊魯斯、吧魯、沙窟、斯爹克里奧」。

這樣你將逐漸具有操縱任何人的靈動力。

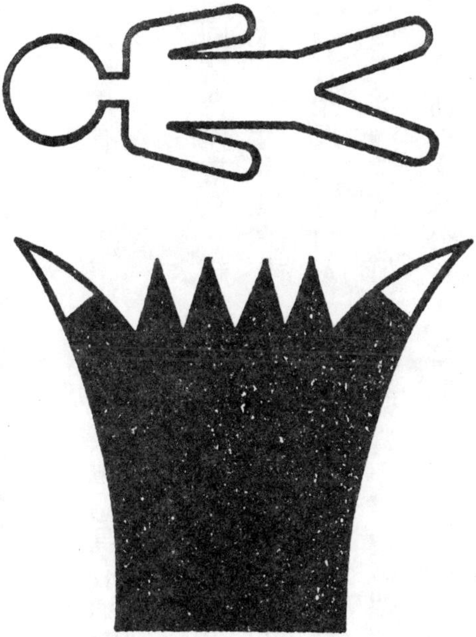

27 洞悉對方心理的符咒術

事實上人都具有精神感應的能力，只不過具有通靈或超能的人，其感應力較強罷了。

一對志同道合經常在一起的朋友，只要看對方的表情，就知道他心理在想些什麼。長久生活在一起的親子或夫婦，即使不用言語，彼此也體會得出對方的心意。

對心理學有深入研究的人，只要見對方一轉眼一動作，就明瞭對方在想什麼。即使一個人臉上堆滿笑容，但是手指頭却不停地敲擊著桌面，或脚等身體部位不停地顫動（有此怪僻的人除外），這就表示這個人的內心正處於不安的狀態中。表面上看起來是極自然的動作，但却能做出對這人在各方面心理的判斷。

學心理學、練習超能，這些必須要時間和才能，並非一蹴可幾。因此爲了馬上讓您也有洞穿別人心理的能力，特地介紹下面這個符咒術。

首先請選定一個對象（剛開始無法一下子看透多人心理）。接著，在一張白紙

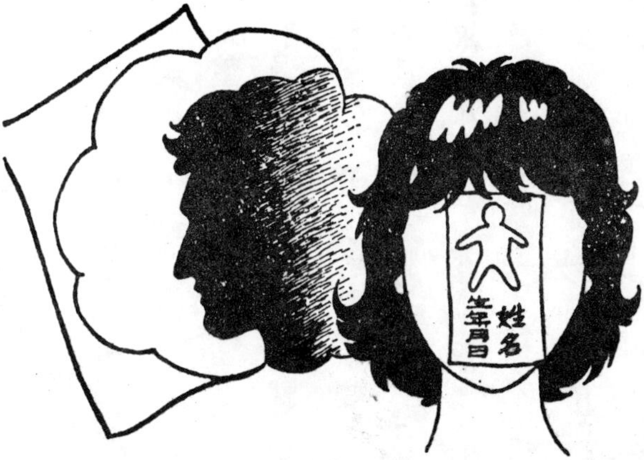

上用墨畫出一個人的形狀，圖下寫出對方的姓名和生辰年月日，然後把它貼在額上眉宇上方。

接著你就透著這張「靈符」凝視你事先貼在牆上的空白白紙。每天做一個小時，一邊凝視、一邊想著對方的事。如此連續實行一個星期，你就逐漸能看穿對方的心理。

注意，當在凝視時必須專注地只想對方的事。萬一有了雜念或受到干擾，就必須從頭再做。等第一個人的心理被你看穿了以後，接著再找第二個目標，然後依次按部就班地做下去，這樣你就能洞察所有人的心理了。

不過，再怎麼說，這個符咒術，最需要的是集中力和耐心。

28 避免遭人誤解的符咒術

中國有一個故事，「曾參殺人」就是在說謠言的可怕。對當事者來說一被人家這樣「誤解」，那可眞是跳到黃河也洗不淸，甚至蒙上不白之寃。因此爲人處事、誰都希望不要被誤解。

不過只要我們仔細觀察就不難發現，其實那種經常被誤解的，似乎都是幾種固定類型的人。例如愛出鋒頭的人、言辭笨拙個性儒弱的人……等，這種人的謠傳似乎就特別多。因此被散播謠言、被誤解，有時當事者也要負一點責任，但是對於那種捕風捉影、空穴來風的誤解，那就不是任何人所能承受得住的。

要是您不幸蒙上了這種不白之寃，首先請不要灰心，要有信心去面對挑戰，然後再來施行下面這道逐退誤解的符咒術。

請準備藍、紅、黃、白、黑等五種顏色的絲絹和稍有厚度的紙。接著把這張紙剪成每邊五公分大的五角形，再按照附圖那樣把五種顏色的絲絹結遶上去。

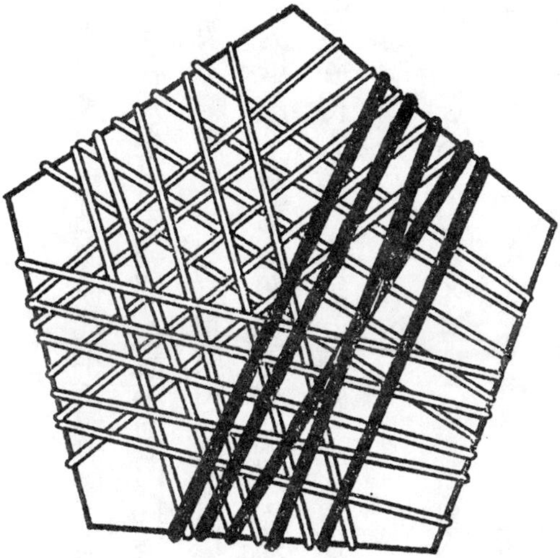

注意絲線結遶時請按照藍、紅、黃、白、黑，並由左向右各遶五圈順序去做。

完成以後，請焚香用煙薰，再把它裝入絹布做的袋子內，從脖子上斜排到左脇下。每天都要掛在身上。

做了這一道符呪術以後，自然地人家就不會再誤會你什麼了！

29 化解朋友間衝突的符咒術

和好朋友吵架或鬧意見而彼此不再講話，這也是一種令人感到非常遺憾的事。要是在這時候沒有人來從中調解，說不定因此造成友誼的破裂。

事實上吵架、鬧意見一定有其原因的，所以與其無謂的煩惱，倒不如冷靜地思考找出其眞正的癥結，針對這個癥結來解決，這似乎才是聰明的作法。

萬一眞的是吵得太激烈大家一時都扯不下臉時，那麼就請來試一試下面這個可以化消衝突的符咒術。

請準備白紙一張（大約12×34公分）、新的毛筆、墨和硯台。首先請用淸水將墨磨勻濃，再用毛筆沾上，在白紙上書畫如圖所示的咒文。

完成後的靈符就把它貼在自己房間出入口的門上或住家的大門上方。注意貼時要以能看得見爲原則。

接著每天早上要出門時，請把咒語「奧恩蘇羅蘇羅、斯拔哈呀——」唸唱三次後才出門，這樣你和朋友之間的嚴重疙瘩不久就會消散。

另外還有一種方法是，你去拿一張對方的相片（要臉部越清晰的越好）。每天在日落時取出，並對著相片，唱誦三次咒語「米ー拉」、奴得ー奧庫斯、×××」（×××是指對方的姓名）。

在唱唸這咒語時，因吵架而與你分離的那位朋友的心，就會再度回來。

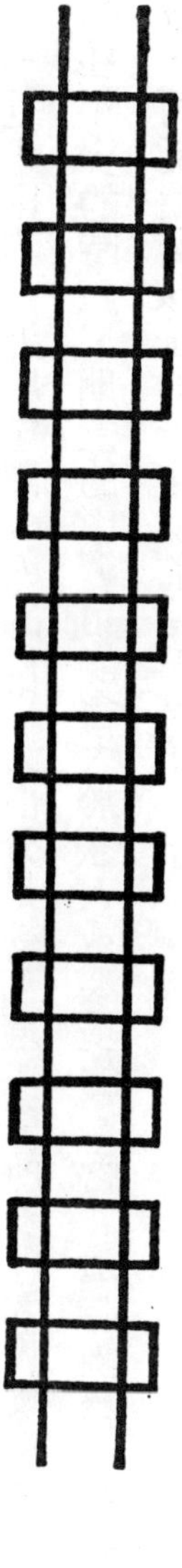

30 與壞朋友斷絕緣份的符咒術

「近朱則赤、近墨則黑」人的行爲大部分是受到環境與所交往的人的影響。尤其是在年少的時候，朋友的影響可能會大於家人或環境的影響。這時候萬一交到壞朋友，可能這個孩子的一生就前途無亮了。

尤其是那種不善言辭、內向的人，由於朋友本來就很少，經常會被一些壞朋友引誘，等到當事者發覺時，確變成「人在江湖」而「身不由己」了。

萬一有人碰到這種情形，也不要感到絕望，至少下面這個符咒術就有辦法幫助你切斷和那些壞朋友的惡緣。

首先準備，稻草、蠟燭、香、白紙（大小大約3×34公分）、毛筆、墨、硯台。

一開始，請用稻草做二個像圖例那樣的Y字型（長5公分、寬3公分）。完成後把其中一個黏貼在對方常使用的桌子下（注意不要被人發現）。另外一個是在焚香，點燃蠟燭後，你心中暗自祈求著要與惡友斷絕來往，然後在白紙上用筆沾上濃墨寫出對方的姓名和生辰年月日，接著把稻草和這張紙一齊燒掉。

這樣，符呪就會產生靈效，讓那位壞朋友很自然地離你遠去。

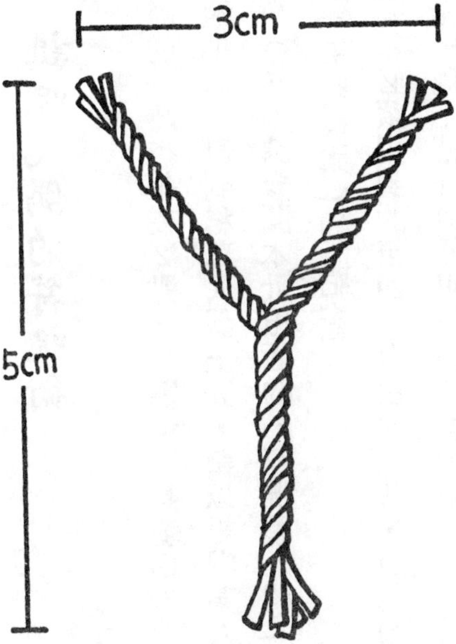

31 詛咒人偶的符咒術

在夜深人靜的丑時（午夜2點～3點）、身著白衣，藏身在山廟的樹林中，「ㄎㄤ－ㄎㄤ－」地把釘子釘到稻草人偶上去，藉以詛咒某人。這就是令人聞之不寒而慄的人偶詛咒術（詳細請參閱本社出版的「符咒術入門」），這也就是日本自古以來最具代表的「丑時參謁」的詛咒術。

這個詛咒術，必須用到的東西有白色的衣著、白色的帶子、木綿布、黃楊木的梳子、鏡子（先用繩子結好以便可以掛在胸前）、五寸釘、鐵槌、稻草人偶、白粉、紅色的口紅、五德（火爐上支鍋、壺用的火支子、三脚火架等）、繩子、三支蠟燭。

首先要把頭髮上的油脂全部洗掉，並讓其蓬散。再用白粉把臉塗白，嘴唇上擦上赤紅的口紅（卽使施法者是男性也一樣）穿上白色的衣着，繫上白帶子，腰帶上再綁著一條木綿布。

接著把三脚架（五德）倒反過來，每支脚上挿一根蠟燭，然後點燃蠟燭，再像戴王冠那樣，把它帶在頭上。接著把鏡子掛在胸前，口中啣著黃楊木梳子。

這些事都做好以後，就帶著五寸釘、鐵槌和稻草人偶，儘速地跑到寺廟的大樹處（注意移動中不可讓結在腰帶上的木綿布接觸到地面），然後用鐵槌和五寸釘把人偶儘量釘在高處。時間的選擇最好是夏天在午夜一點半左右、冬天則在半夜二點到二點半左右。

同時這個法術要連續做七天七夜，決不可中途停止或被人發現。

32 解決討厭的上司的符呪術

不管到什麼地方，你總會碰上一、二個討厭的人。尤其當這討厭的傢伙是你的上司時，那更叫人受不了。即使被說了什麼，既不能回嘴，更不能動手，否則飯碗可能就不保。一股怨氣無處發洩，對自己畢竟不好，而且你也總不能因此動不動就回家罵老婆打孩子吧！

其實我覺得這時除了個人要修身養性多忍耐看得開外，最主要還是要努力工作讓別人刮目相看，讓上司主動因賞識而喜歡你。另外你也可以參考下面這個符呪術。

首先，請弄一張對方的相片。如果是全身的照片，則即使只是側身照或後身照都可以。但要注意照片一定要是他的個人照。要是與他人的合照，就把他的部分剪下來。

施法的時間請選在半夜二點。一開始，請燒一鍋滾開著的熱水，然後把對方的

相片放進去，用強火繼續加熱。接著你再把心中對對方的怨恨，斬釘截鐵地說出來，並用手掌做抓住這些話語的動作，並把它往鍋裡丟。

如此一來，對方對你的氣勢就逐漸地減弱，再也不敢惹你討厭了。

33 滙集優秀人才的符咒術

一個人要想出類拔萃、展露頭角，就必須具備有相當優秀的頭腦（智力）去吸引許多優秀的朋友來幫助你。月亮雖然明亮，但如無衆星環拱，也顯不出其光輝。

一個人卽使有多大的才能，如果周圍全是一些扯爛汚的朋友，終究是獨木難撐大廈，不成氣候。

因此下面就提供一道能讓一些優秀人才向你靠攏的符咒術，來助你一臂之力。請準備一張稍有厚度的白紙（4×5公分左右）、絹布袋或皮革袋（包裝靈用）。施法的時間請選在午夜一點。

首先，請在紙上畫上如圖所示的圖形，接著在圓形中寫上你自己的名字。迅速把它裝入絹布袋（或皮革袋）內，隨時帶在身邊。這麼一來，帶著這件靈符的你，經常就會變成大家爭相跟隨的中心人物，因此你就能滙集到能夠幫助你的優秀人才了。

第三章

學業工作上的符呪術

34 庇佑考試及格的符咒術

考試，尤其是聯考，不但當事者就連全部的家人都會爲之緊張萬分。有些平常不燒香拜佛的人，這時也都會故做虔誠狀到各地寺廟去祈求神明保佑。

每年考期一到，除了寺廟的香火會爲之鼎盛外，社會中一些生意廣告詞中，也經常出現一些保證考試必勝的台詞。說起來眞是千奇百怪。假如諸君願意的話那麼也請您來試一試下面這個保證考試必勝的符咒術吧。

首先請用清水（汚穢的水或曾燒滾過的水皆不可）將墨磨勻濃。越濃就越有效。然後在白紙上寫上如圖所示的咒文。接著把靈符折起來放到布（最好是絹布）做的袋子。

再用線繩綁好掛在脖子上或放在上衣的左口袋，去參加考試。等考完試後，就把它放在香爐（沒有香爐就用煙灰缸或碟子）燒燬。火化後的餘灰就把它丢到附近的河川去（注意，不可丢在垃圾箱內）。然後你就可候等佳音了。

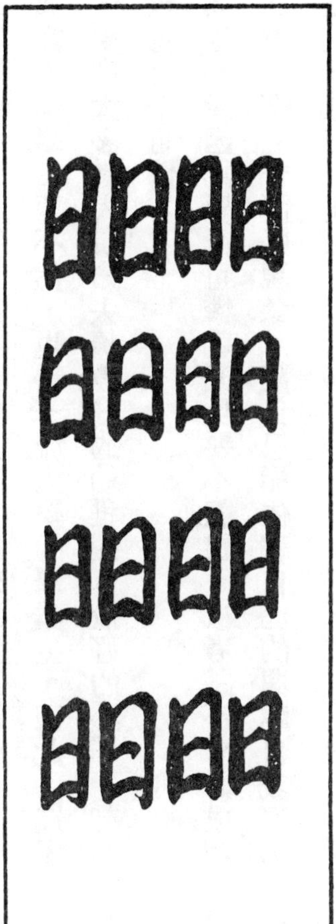

35 庇佑成績優秀的符咒術

現在的社會中，文憑主義的風氣好像有越來越強的趨勢，想要謀一個好工作最好是能放洋去留學，要不然，也得一流大學的畢業生，因此，爲了上一流大學從小就開始，要和大多數人拼命去擠最好的幼稚園、最好的小學、初中、高中。想來現在的小孩也眞是可憐。

不過也不能因爲覺得可憐就光玩耍不讀書，或考試不求好成績！最好的方法是不要太在意周圍的一窩蜂現象，讓自己能依著自己的興趣自我努力，訓練屬於自我的眞正實力，這樣比較好！

不過如果你還是想祈求好成績的話，那就來做下面這個符咒術，它可以自己做，也可以由大人來替孩子做。因爲有效期間是一年，所以在每年新學期開始前來做比較好。

施法的時候要在清晨，隨著太陽的上升來做。首先請把房間打掃乾淨，並且清洗身體各部位，服裝也要換穿乾淨、最好是白色的衣著。

然後用毛筆沾濃墨在白紙上（大約12×34公分）謹慎地書畫如圖所示的咒文。注意書畫時必須一氣呵成不可中斷。把完成後的靈符折疊好，另外用一張白紙包起來，接著用蠟燭的蠟把它封好，隨時帶在身上或掛在脖子上。

這樣你的性格就會逐漸地比較沈著穩重，成績也會逐漸提升。

36 增強智力的符呪術

大概沒有人希望自己的頭腦比別人不好吧！從最近那些教人如何增強腦力的書本大量出版的情形看來，可發現無論是誰都希望自己能夠擁有一顆「金頭腦」。

我認爲如果想要使頭腦更聰敏，就必須每天都要讓頭腦有適當的休息。大家都知道，人的頭腦隨時都像是人在喃喃自語一樣，不斷地在思想著各式各樣的事情。有時甚至在睡覺時，頭腦也在活動，例如夢囈就是證明。爲了要避免過度的思考而造成思維的混雜，因此一天之中要是能靜坐或瞑想20～30分鐘，這樣或許能夠使頭腦更清晰，思維更敏銳。當然要達到這個目的，你也可以試行下面符呪術。

首先請準備薄荷（在藥局可買到）。如果是薄荷葉，就把它浸泡在水中二天。其他還需要毛筆、墨、硯台、薄的金紙（約2×3公分大）。

施法前要注意把房間打掃清潔，把身體各部位清洗乾淨。然後將薄荷液滴二、三滴到硯台中和清水一起用來磨墨，再用毛筆沾上，在金紙上書畫如圖所示的呪文

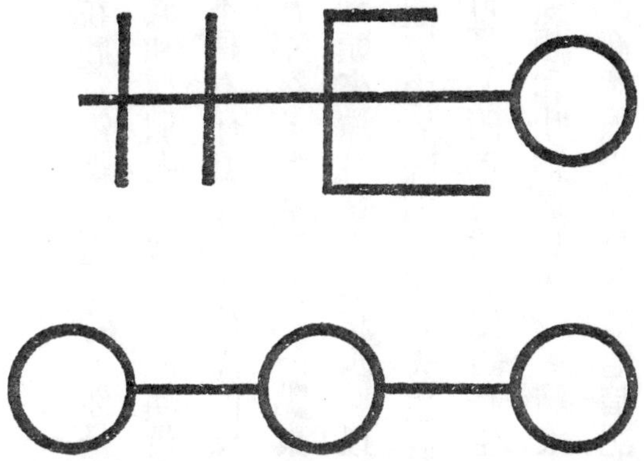

。

當你要讀書用功時就把這靈符貼在自己的額頭上。

這樣連續二十天，每天都做一張靈符貼在額頭上來讀書，自然地，你的頭腦就會變得很清晰敏銳。

但切記絕不可一次就畫二十張靈符，要一天一張地做。另外施用這種靈符再配上瞑想訓練，效果更好。

37 增強記憶力的符呪術

在觀賞電視、電影時，你是否曾經對演員們滾瓜爛熟地背誦那麼多的台詞而感到驚異和佩服呢？我有一位演員朋友，就經常在我面前表演他那驚人的記憶力。問他是不是有什麼祕訣，他卻俏皮地說是他天生就有這種才能。想想我自己，對記憶就非常不行，每次想要記一點東西就又作小卡片，又作筆記，然後還不停地口誦，可是到頭來還是會丟三忘四。以後一聽到要背東西，心中馬上就驚慌起來。當時我想，記憶力的強弱到底和天生有關吧！

可是，四年前我開始對長生不老的仙術感到興趣，而開始去學習中國的仙道仙術（瞑想和吐納氣功法）。結果大約經過半年的時間，我好像突然開了竅似的，什麼東西都能很快而且清晰地暗記起來，理解力也極度地增強。

經驗告訴我學習中國仙道是可以增進記憶的。限於篇幅，在此我僅把其中一道符呪術提供給各位做參考。

這道法術必須在農曆的五月五日施行，並且一年只能做一次。首先由住家往東的方向走去找尋一棵桃樹。找到第一棵桃樹後，就在其上折一根約七公分的桃枝。這時最好是在清晨四點。拿回來的桃枝就把它固定在衣領上。

這樣大功就告成了，你的記憶力會逐漸地好起來。

38 讓您做事有幹勁的符咒術

一個人沒有精神或生病的時候，通常做事就沒有幹勁。相反地，身體狀況良好，精神飽滿的時候，這個人做事就幹勁十足。因此要有幹勁，基本上一定要有充分的睡眠和營養，把身體調整到最良好的情況。

不過雖然同樣有充分的睡眠，但比較上夜貓子型的人體力就沒有持續性，卽耐力差，因此最好是早睡早起。另外，要攝取營養的食物不一定要大魚大肉，有時也要多吃一些蔬菜。

總之一個人要想有幹勁，最基本的祕訣就是要讓身心都保持健康。做到以上的事項後，再來施行下面的符咒術，就可收到事半功倍的效果。

請準備十張黃色的紙（6×34公分左右）、朱墨（不可用墨汁）、蠟燭二支及燭台、香爐（或是新的煙灰缸、或碟子）、香、毛筆、硯台等等。

這個法術必須在早上做，而且要連續做十天。

首先把燭台左右擺開，插上蠟燭、點上火。接著焚香，同時在黃色紙上用毛筆沾磨勻濃的朱墨寫上八個「氣」字，接著在下方寫著你的名字，然後由丹田發氣，對著靈符吶喊一聲「吔！」照這個方法連續做十天。再把完成了的十張靈符放到香爐中火化，就可以了。

要注意畫靈符時必須一氣呵成並且必須避人耳目，否則就必須從頭做起。

39 增強決斷力的符呪術

想必大家都知道西洋的占星術是以牡羊座、牡牛座、雙子座……等十二星座來論斷，占卜一個人的個性和命運。但是占星術中還可以有其他各式各樣的分類。

例如它有男性星座和女性星座的分類法。牡羊、雙子、獅子、射手、水瓶座等是屬於男性星座，是富有行動力、外向又很有決斷力，即擁有積極性格的星座。

相反的，牡牛、蟹、處女、天蠍、山羊、魚座等女性星座就較內向、愼重、缺乏決斷力的消極性格星座。

由此可知一個人決斷力的強弱多少跟個性有所關連。不過，有人常說愼重的人，下決斷總是下得很慢，可是，這總比決斷下得快，後悔的人要好得多吧！

因此決斷力的強弱並不一定等於決斷的快慢。因此要增強自己的決斷力，首先必須了解自己的個性，不要魯莽求快或考慮過多。

接著下面就來介紹一個能讓人有決斷力的符呪術。

請準備紅色和白色的紙各一張（大約6×34公分大），每天日出時用筆沾清水在紙上書畫如圖所示的咒文。然後連續做二十四天，這樣你就有逐漸下決斷的勇氣。

40 增進才能的符咒術

很難得發現自己在某方面有一點才能，我想每一個人都希望這點才能早日顯露出來。事實上當局者迷，自己本身很難發現自己有什麼才能，就算是父母師長，如果沒有長時間地觀察注意，也不見得很容易看出孩子的才能。因此現代的小孩子，不管喜歡與否，凡是牽涉到考試的東西，就被強迫去學習，心中眞是爲之叫屈。

因此爲了讓你的才能早日顯現出來，使你知道或受到正確的學習或指導以便及早出人頭地，下面就提供一個可以增進才能的符咒術。另外不管環境好壞，只要做了這道法術，你的才能就能透露出耀眼的光芒。

請準備三粒浸泡的梅干、三張紅紙、朱墨、毛筆、硯台等。

首先請將梅干的子取出，果肉用清水洗淨，並放在太陽下曬三天（一定要曬乾）。

然後用毛筆沾磨勻濃的朱墨（不可用現成的墨汁）把自己的姓名和生辰年月日

寫在上面，再用紅紙（約12×34公分）包起來。

一個把它放在你的書桌下，一個放在枕頭下，最後一個帶在身上。

這麼一來，你的才能就會逐漸顯露出來。

41 戰勝敵手的符咒術

不論是誰，任憑他怎麼拼命努力，都有一、二個他老是無法勝過的對手。一想到這些頑強的對手，心中不免是既妬又恨。雖然這是人之常情，不足爲奇，但是如果你想免除這種忿忿不平之氣，就請來試行下面這個符咒術。

首先請弄一張對方的相片，越清楚越好，而且最好是個人照。接著再準備一些大頭針。施法時要切記決不可被人發現，否則自己反會被詛咒。所以必須謹愼小心。

例如你可以在抽屜內來進行，動作完畢後，關上抽屜再上鎖，這也是一種比較安全的作法。但無論如何，施法的時間請在午夜二點以後。

施法開始請先集中精神約三分鐘後，再用拇指、食指、中指抓住針向對方的相片刺上去。這時最重要的是要把意識集中到針上然後毫不遲疑地刺上去。如果要讓對方頭痛就刺頭部，要讓他不能動筆就刺手部。

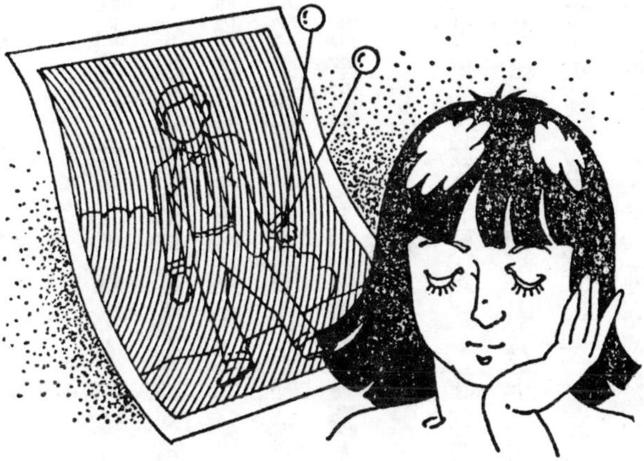

而針只能刺在同一個地方，除非想要讓對方喪失氣力才須要把針刺在其身上各部位。動作停止後，針就那樣刺在相片上，不需拔起來。

等到有天你發現對方臉色發青，沒有什麼元氣時，那就是呪術已經發生效力的現象。

42 懲治對手的符咒術

「輸誰都沒關係，但就是不能輸他」如果你想要懲治讓你恨之入骨的人，下面這個人偶詛咒術就能讓你達成心願。可是害人者必遭天譴，有時害人無異就是害己，因此請務必三思而後行動。

首先請準備對方的指甲和頭髮。這件事並不簡單，可是連這點事都辦不到，就別想侈言要懲治對手了。再準備要做人偶的蠟（黏土亦可）、釘子或針，割刺指頭的刀或針、及要用來火化人偶的大盤子。

方法是先用蠟做一具人偶，最好儘可能做得像對方，再把對方的頭髮埋在頭部，把指甲埋在手部。接著再用刀子或針刺破自己的小指，讓血流出。用這些血在人偶的心臟部位做一個記號。

接著口中唸動咒語「阿拉托……魯、雷必達德……魯、田達德……魯、蘇姆尼阿德……魯、毒庫德……魯、噶斯妹德……魯、廸奧拉德……魯、些毒庫德……魯

。你就是我要破壞和憎惡的友人的替身、你將把不幸傳給×××（對方的名字）。」同時用釘子或針往人偶上刺去，最後一針再很堅決地往心臟部位刺上去，然後用火把人偶燒掉。

切記要是這個法術被對方發覺或被其他的人看到，詛呪可能會反擊到你身上。

43 破壞別人好運的符呪術

人總是多少有那麼一點嫉妬心的，看不得別人運氣好。「那傢伙愛玩又不讀書，可是每次考試亂猜，就那麼好運氣，成績老是名列前茅，反過來自己不眠不休的努力，却老是贏不了他，眞想把那種經常瞎貓碰到死老鼠的好運趕跑……」。其實這是嫉妬在作祟，是不應該有的，再說與其花時間去管別人的「閒事」，那何不如把這些時間用來充實自己呢？

不過爲了一解這種心理，我也勉爲其難提供一道符呪術以供參考。要注意的是，這道法術一年只能一次，而且一次只能以一人爲對象。一失敗了，就必等隔年再來。

請準備二枝木釘。施法的時間請選一個陰霾的日子，尾隨對方回家（注意不可被發現）。等確定對方進到房屋去時，再把那個人的足印做下記號。

然後你先回家，等到半夜後再來，用木釘去釘對方的足印。對方是男的就從左

，女的就從右開始釘。左右各釘一枝木釘。一邊釘的同時口中還要唱唸呪語「這根釘子下的足印的所有者的好運消失吧！」

從開始施法到施法完畢回家，決不可和別人談話。這麼一來對方做事就沒有那麼好運了。

等你認爲已經差不多的時候，請別忘記要把釘子拔起來。

44 庇佑考試不會緊張的符呪術

越是重要的考試越會緊張。根據一項統計，據說人在考試時如果一緊張，那他只能發揮出平常實力的70～80％。

以前B小姐要參加大學聯考前，每天都緊張得睡不着，於是我就敎她一道不會緊張的方法。

那就是在考前約一個禮拜開始，一有空就把眼睛閉起來。因爲人的氣大部分都是從人的兩眼發散出去的。經常閉目就可以減少人體眞氣的散失。也就是所謂的閉目養神。這樣一直繼續下去到考前二、三天前，讓脚部保持暖和，並冰膚頭部，這樣自然能使人睡得着。

到了考試當天，進考場前先做幾次深呼吸後再進場，坐到位置上後先閉目同時做幾次深呼吸。這樣保證就能夠很沉著地應戰了。此外，這時候如果身上也帶著下列這種靈符，那就更不會發生怯場或緊張的現象了。

要做這個靈符，必須在前一天的早晨或半夜，利用他人都還在睡夢中時來進行。事先請準備一張白紙（大約12×34公分）、新的毛筆、墨、硯台、鹽巴等。

首先抓一撮鹽巴到硯台內用它和清水來磨墨，磨得越濃越好。

接著用毛筆沾上述的濃墨、一氣呵成地，在預備的白紙上書畫如圖所示的呪文。完成後的靈符，請用布做的袋子裝起來。然後放在襯衫的口袋中或用線繩結好吊掛在脖子上。

等到考試當天出門時就把靈符帶在身上，萬一考試中發現開始緊張時，就用左手摸這靈符，心情就會平靜下來。

45 驅散睡意的符咒術

「十年寒窗無人問，一舉成名天下知」每天孜孜不倦，爲的就是要通過考試，可是在這麼重要的考試中，却突然起了睡意，造成思考不清，影響成績，那可就要讓人悔恨交加了。

因此，要參加考試的人一定要早睡早起，有一個良好的睡眠習慣。同時下午有考試時，中午也不要吃太飽。另外在考試前或休息時間內要多呼吸新鮮空氣。如果這樣還是想睡的話，就請來賞試下面這個符咒術吧！

把鞋子偷偷地脫下（不要被發現），然後唸五次咒語「雷殺姆克、雷殺姆克……」這樣眼睛就會張大。在唸咒語的同時，再用尖頭鉛筆等小力地刺拇指和無名指兩根手指指甲的兩側，這樣效果更佳。

另外，你也可以使用蒜頭。切幾片略薄的蒜頭片，在其上用筆畫上左繞的漩渦，然後把它貼在太陽穴上。這樣，也能很有效地驅退睡意。

雷殺姆克、
雷殺姆克……

46 達成目的的符呪術

不管你想要達成什麼樣的目的，一定都需要堅強的毅力和耐心。花樣多，什麼都想做，又很容易厭膩的人，與其叫他專心做某一件事，倒不如讓他多方面地去發展。畢竟做事也必須配合個性，否則要想成功，無非是緣木求魚。

有了既定的目的後，就必須全力以赴，要努力去達成它，此外，下面的符呪術也有讓你早日達成心願的靈效。

首先請準備一個不透明的大口瓶，大小約爲15公分高。其中裝約半瓶清水。接著再準備5×3公分大的紙。然後把你的目的，施法的日期，自己的姓名和年齡都寫在紙上。接著再到距離你家最近的柳樹，折一枝細一點的柳枝回來，把枝上的葉子全部去掉，並把枝身曬乾。在紙上開個洞用柳枝細的那頭穿過去使紙和柳枝結合住，另一頭較粗的部分則挿在瓶內，最後蓋上蓋子。再把這瓶東西藏在別人不會發現的地方。每天午夜十二點再把瓶子取出，對著心中默唸「請讓我的目的早日達成吧！」這樣，連續做五天，你的願望很快就會實現。

另外還有一道具有同樣效力的符咒術。其施法時間要在早晨進行。準備的東西有紙、墨、硯台和新的毛筆等。

首先用清水將墨磨濃，用新毛筆沾些在白紙上書畫如圖所示的咒文（要一氣呵成）。當然進行時決不能被人看見。接著把完成後的靈符折好放在布做的袋子裡，每天帶在身上，你的目的自然就能達成。

47 治癒容易厭膩現狀個性的符咒術

對於那種很容易厭膩現狀的人來說，即使你再怎麼引導他走向好處去，他也會馬上見異思遷。假如這個人命運的氣數很強，背後又有很配合的指引，那就不會有什麼問題。可是氣數既沒有那麼強，背後又沒有貴人來幫助，這種經常見異思遷，沒有定向的人，到了晚年可能就會很淒涼。

下面就介紹一個可治癒這種沒有定性性格的符咒術。做這道法術請準備一張新的紅紙（15公分正方大並且稍有厚度）一張金色的圓紙（直徑約3公分大）毛筆、硯台、墨。首先用清水將墨磨勻濃，等你神智穩定後，用毛筆沾上述濃墨，一氣呵成地在白紙上書畫如圖所示的符號，然後把金色的圓紙貼在中央。

靈符完成後，就把它貼在你睡覺正對眼睛上方的天花板處，每天晚上睡覺前或早上眼睛睜開後，請排除一切雜念，對著靈符注視5～10分鐘。每天這樣做，那種心浮氣躁容易厭膩現狀的個性就會慢慢地改掉。

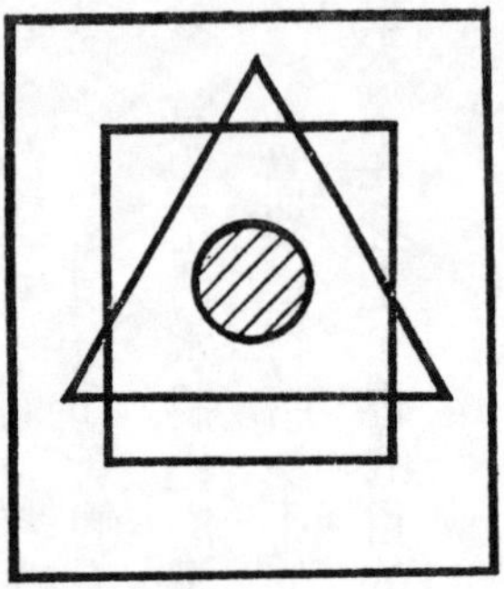

48 讓您出類拔萃的符呪術

假如你希望像一些名人那樣，靠自己的本領，達到出類拔萃令人環拱的境地，下面這道符呪術很適合。當然不管你是那一行或那一業，這道法術都是絕對有效的。

請準備白色的紙、墨和紅色的染料。

首先請參照圖例，用墨畫出其中的圓形和星形。接著用紅色畫上五種符的記號。施法的時間要在半夜。而且決不能被人看到。

完成後的靈符，用絹布或皮革袋裝起來，再綁一條線繩，隨時帶在身上或掛在脖子上。這樣一來，你就會逐漸地在團體中受到重視，最後達到最高的位子，接受大家的讚美和喝采。

49 祛除膽怯的符呪術

一個膽怯的人事實上是對外來的事物的感受性比別人敏感。對於來自外部的刺激，比一般人的反應強烈。

我以前就是一個十足的膽小鬼，在夜晚或黑暗處一個人獨處時，外面一有什麼風吹草動，我就會心驚膽顫的、或尖叫、或說不出話來。可是現在心平氣定了，膽子也跟著增大，甚至想要是眞的碰上鬼，那不是很神奇很幸運嗎？

以下我就提供一個可以祛除膽怯病的符呪術。

請找尋一塊曾遭過雷擊的木塊。或許不太好找，但在颱風後或季節交替期間到山上去找找看。

找來的木塊要把它曬乾，再將它弄成粉狀。用白紙包封起來，放在絹布袋內，隨時帶在身上，自然你就不再是膽小鬼了。

第四章 休閒方面的符呪術

50 出門旅遊時的符呪術

通常一說要出外旅行，很多人幾乎從好幾天前就開始迫不急待地期待著，而在旅途中，大家也都是希望平平安安快快樂樂，而不希望有任何的意外或麻煩。

由於交通工具地發達，有些旅遊似乎可以不要在外面過夜。不管是不是要過夜，爲了要使這趟旅遊都能盡情盡興，我覺得最好還是在出門前做一次下面的符呪術。

請準備白紙一張（大約12×34公分）、新的毛筆、墨、硯台、清水、布做的袋子（或香火袋）。

首先用清水將墨磨勻濃，同時使自己神清氣定，專心一致。接著用毛筆沾此濃墨，一氣呵成地在白紙上書畫如圖所示的呪文。完成以後的靈符折好用布做的袋子裝起來，旅行時再把它帶在身上，這樣旅途就能平安無事，快樂出門，平安回來。

但要注意，這道法術必須在深夜一點或清晨中進行。施法以前還要把身體洗乾淨並換上整潔寬鬆的衣服。

51 庇佑旅遊愉快的符呪術

除了一些別有目的事外，要不然旅行是一件快樂的事。朋友結伴同行、學校或公司的團體旅行，還有家人全部總集合的家族旅遊等等，都洋溢著各種不同的快樂趣味。從期待出門旅遊，到旅途的歡樂再到載滿禮物和話題的歸程，都令人覺得欣喜。

爲了使你能充分地享受到這種旅遊的歡樂，以下就提供一道可以庇佑達到此目的的符呪術。

請準備五枝長約15公分的桃枝、白紙（約7×4公分）一張、清水、小刀、香等，注意這些都必須是新的東西。

施法前一定要把房間打掃整潔，把身體各部位洗乾淨。首先用清水把小刀洗乾淨，在白紙上切割幾刀。接著焚香，再將白紙拿到可以承受香燃後上升的空中，同時口中唸五次呪語「祈請保佑旅途平安愉快」。然後用白紙包卷五枝桃枝一起火化

，這時候也要唸唱上述的呪文。燃燒後的灰，就把它埋在住家的門口。

這個符呪術要在旅行的前一天來做。

這樣就可以保佑你旅遊平安快樂。

52 庇佑旅遊中平安的符呪術

在旅途中要是發生意外或生了病，那就很傷腦筋了。我經常出國旅遊，其中就有二次在旅途中病倒過的經驗。整天躺在床上，行動很不方便，因爲是出門在外，所以不但毫無樂趣可言，簡直還是一種折磨。

後來我知道用此項可以保佑旅途平安的符法後，這種痛苦的旅行經驗就不再發生了。這道法術實在是很有效，現在我把它介紹給大家。

請準備一塊菩提樹的樹木塊。自古以來傳說菩提樹的木材，就有驅魔除邪的靈效。用取來的木塊，做一個小人偶。然後把要去旅行的人的頭髮設法弄到人偶裡面。

這具人偶就變成是要出去旅遊那人的替身，所以當他要出去時就把人偶託最靠得住的家人或朋友保管，到旅遊回來時，再把人偶的頭髮拿出來，埋在土中。

因爲這菩提樹木做的人偶可以重覆使用，所以每次用完後就用布把它包起來，謹慎地收藏好。

53 避除遠遊災禍的符咒術

最近出國旅遊，簡直就像以前國內觀光那樣的盛行。每年一到學校放寒暑假或一有較長的國定假日，出國旅遊的人就絡繹不絕。

出門在外條條難，更何況是飛越國境到一個你甚至不知其語言和風俗習慣的國度去遊覽觀光，一不小心，可能就會災禍臨身。因此在這裡特別再提供一道可以避除遠遊時災禍侵襲的符咒術。

請準備稍有厚度的白紙二張、頭髮、紅絹線、蠟燭。

首先用剪刀把兩張白紙剪出二具紙人偶。同時在其中一具人偶的一面寫上你的名字、生辰年月日，而在另一具人偶的另一面則寫出要去旅行的地方和在住家的那一方位，以及要出發的日期和預定回來的日期。

接著取三根自己的頭髮，做成一個環，用紅色的絹線綁好。然後把寫著字的那兩個人偶面對面合在一起，中間要一併把頭髮做成的環夾住。接著用蠟把人偶對合

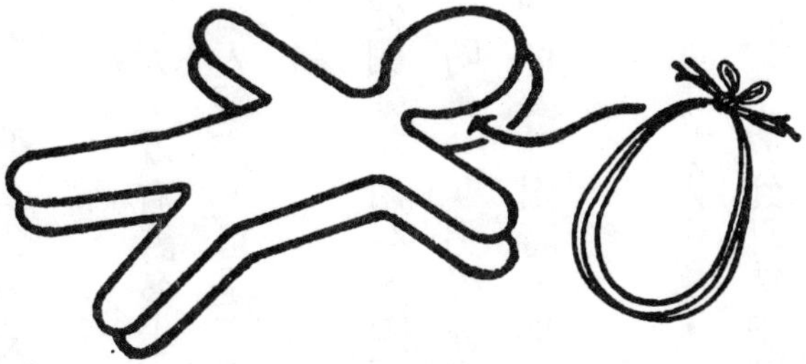

在一起的邊緣封起來。（左手拿著合在一起的人偶，右手拿已點著火的蠟燭，然後讓融化的蠟慢慢地滴到人偶的夾縫上去）

這道法術，要在出發的前一天做。到出發當天，再把這符咒人偶埋在大門旁邊約30公分深的土下。

這樣就可以保佑出門旅遊時不會發生麻煩。

等回來後，再把這人偶挖出來，感謝保佑平安，再將它丟到附近的河川裡去。

54 避免夏天旅遊中暑的符咒術

一到夏天，就有許多上山下海的旅遊活動。雖然上高山覽勝避暑和到海濱玩沙玩水都很令人舒爽，可是高掛在天空的太陽並不會因此而稍減炎威，因此一不小心就很容易中暑。

假如你明知不用在艷陽下行動，我想至少戴頂帽子或準備濕毛巾帶在身上，這樣或許可以防萬一。另外你也可以實施下列的避暑符咒術。

夏天當你要外出時，事先請在帽子裡放一片桃葉。這樣戴著這頂帽子，就可防止中暑了。

另外，如果有人中暑，下半身或脚部發熱。這時候可以用蓼的葉子來治療。方法是把蓼的葉子放到研鉢中磨成糊狀，再把這些糊狀物塗在以脚底為主的脚腿各部位。還有你也可以塗上白花油、萬金油、薄荷油、綠油精等各種清涼退熱的成藥。

假如是全身都發熱，就要多吃一些清涼解熱或蔬菜的食物，不要吃含有高熱量

，如肉類的食物。也可以在要喝水前吃二粒胡椒籽，這也是很有效的方法。

55 對付旅行中脚酸痛的符咒術

旅行的時候，儘可能不要穿鞋跟過高，皮質太硬的鞋子，我想這是誰都知道的常識。可是旅行中畢竟還是走路多於休息，因此脚酸痛總是很難免的。下面就來介紹對付脚酸痛的符咒術。

首先是預防脚發酸發痛的方法。就是在脚底和脚指甲部分抹上一層薄薄的胡麻油，再好好地擦揉一番。這樣卽使你走了很長的路，脚也不會酸痛。

萬一脚已經發酸發痛了的時候，就請改用下面這個方法。第一步先去洗個澡。洗完澡後用鹽巴擦揉脚底。最好多用一點鹽並讓鹽多留一點在脚底，然後把脚用火爐加溫，這樣脚部的酸痛就會消除。

如果脚非常痛甚至無法走路時，就請用以下這個方法。從三里穴以下到脚底（參照圖例）全部塗擦米酒，這樣脚痛自然減輕或治癒。

另外如果脚底起泡，你可以貼上ＯＫ繃做緊急處理。另外也可以使用符法。就是把半夏（漢藥店買的到）研磨成細狀，加水使成糊狀，然後塗在水泡上。這樣自然可以消解疼痛。

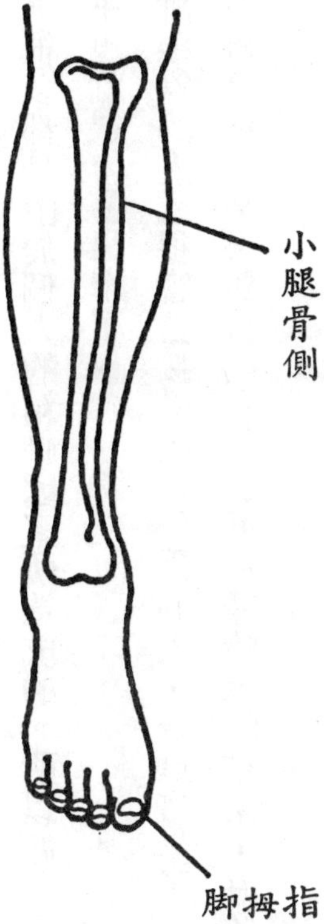

56 避免暈車的符呪術

據說暈車很多都是由於個人的精神因素所造成的。所以做父母的很容易暈車時，他們的孩子也就很容易暈車了。

另外有神經質的人或很容易接受暗示作用的人，一旦搭坐了交通工具，心中就開始擔心會不會暈車，結果對自己做了過度這種暗示的結果，好像眞的就發生暈車的情形。

還有油煙味和過份沈悶的空氣……等，也是造成暈車的主要因素。

所以坐車時，儘量遠離引擎，並選擇靠窗的位置，此外就是要保持輕鬆愉快的心情。最後再來施行下面的符呪術，保證效果一定非常好。

首先介紹避免暈車的方法。請在早上九點鐘時採取四片南天竹的葉子回來，用清水清洗乾淨，其中二葉用絹布袋裝好帶在身上，其餘二葉用紙（白紙）包好，當感到自己好像要暈車時，就把紙解開，用眼睛看著南天竹的葉子，這樣就不會暈車了。

萬一已經暈車了，最好是躺著休息，如果這樣還不行時，就請別人取一些海水來給你喝，要不然就是一次一點地喝一些醋，這樣症狀就會緩解。

57 庇佑航海安全的符咒術

坐船旅遊是別有一番情趣的。一艘豪華的郵輪，裡面不但有各種遊樂設施而且也有各種活動供旅客們消遣。可是萬一遇上稍大的風，船走起來可就會搖搖晃晃，這時候會暈船的人更是痛苦萬分。要是不幸發生海難，大海茫茫，要想求生可就比登天還難了。

如果即使明知危險，而你還是很想搭船旅遊，那麼在事先你只要施行下面這道符咒術就可保你一帆風順。

請準備3×34公分大的藍色紙數張，然後用毛筆沾墨在紙上寫上「龍」字，「龍」字下再寫上旅行的日期。

把這些靈符用絹布袋裝起來，用線繩結好掛在脖子上。等到萬一在航海中你開始感到不安時，再把那些靈符取出來，口中祈禱平安，用左手把靈符丟向海中。

此外，還有一道法術。那就是在你要搭船時，用右手的食指在左手掌上寫一個

「土」字，然後再上船，這樣就可保你航海中平安無事。

58 避免發生水難的符咒術

這裡所說的水難是泛指一切沈船、海水浴、海釣等意外落水事件，及傳說遇上水鬼所發生的溺水事件。

下面這個符咒術是用來庇護使你不會發生這些災難的。

首先請準備一張蛇皮，最好是活眼鏡蛇剝下來的皮。拿到的蛇皮請把它曬乾了以後，再把咒文「羅姆斯、烏拉羅姆、阿帕、梯第斯德、葛斯特、押巴特、達阿德、南思、阿帕、阿帕、阿帕」寫在蛇皮的內側。然後把蛇皮尾部和前部連接起來，用皮革做的袋子裝起來。

等要出門旅遊或要搭船或去水邊時，請隨時把它帶在身上，這樣你就可以避免水難的發生了。

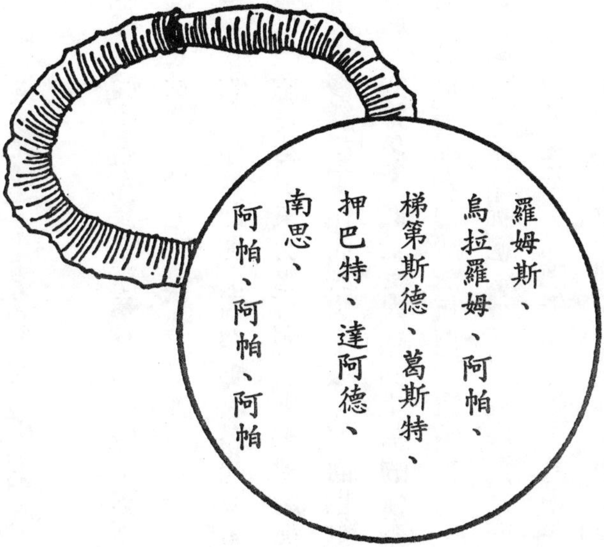
羅姆斯、
烏拉羅姆、阿帕、
梯第斯德、葛斯特、
押巴特、達阿德、
南思、
阿帕、阿帕、阿帕

59 避免遭電雷轟擊的符咒術

幾年前曾經發生過人被雷電擊斃的事情。據說是在高爾夫球場打球，突然來了一陣雷雨，某人就因爲身上的拉鍊或金屬的鈕釦，而引來雷電遭致殺身之禍。一般在打雷閃電時我們會注意把身上的金飾收藏起來，但像拉鍊、鈕釦、髮夾甚至雨傘上的小鐵環這些意外的小東西也可能引來雷擊之災，那是讓人防不勝防的。

我經常爲了修練或工作而到山上去，偶而也會看到一些被雷電劈裂的大樹，看到這些觸目驚心的景象，眞是令人感到生命的無奈。

因此爲了防止這種人力無法抗拒的雷電災厄，在物體上裝避雷針是一個好辦法，此外請你也試行下面符咒術。

施行這個法術要在端午節那天。在那天的正午十二點，摘取艾草用藍子裝回來。然後就把它放在陽光照射不到、通風良好的陰涼處，陰乾就可以了。等到有雷電時，就把陰乾的艾草拿出來燒，這樣雷電就不會落在你家。

另外還有一個方法是在雷電發生時，一面焚香，一面唸下面的呪語：「奧思、阿巴廈、貝伊露蝦那無、媽卡莫達拉、媽尼、漢恩多媽、忍巴拉、哈拉巴、利答亞、烏恩」。這樣多唸幾次以後，不只可以袪除心中的恐懼，而且還可避雷。

還有一個辦法就是平時就用毛筆沾濃墨在白紙上書畫如圖所示的呪文，共做四張。然後把它貼在接近天花板的四個角落，這樣也可以避雷。

東方阿加陀　西方須多光
南方剎帝魯　北方蘇陀磨抳

60 免除天災的符呪術

風、火、雷、電、地震……等都是很令人恐怖的天災。而且不是一、二個人的力量所能防患或解救得了的。

近海住的人深知颱風與海嘯的恐怖，住在山上的了解雷電、洪水的危險。近年來每次颱風一登陸不是引來海水倒灌冲毀家園，就是河水高漲甚至捲走人命，都市的街道大樓也常有浸水的傳聞。因此，即使不曾身受其害，鑑此也可以感到天災的恐怖吧！

既然天災是這麼恐怖而又不是個人能力所能扭轉的，因此在平常我們就必須要有周全的準備，譬如，投保人壽、房產保險，並且在有災害預警時，除了準備食糧以備不時之用外還要加強各種安全措施。

俗話說「有備無患」，所以除了上述預防措施外，以下再介紹一個可以避冤天災禍害的符呪術。

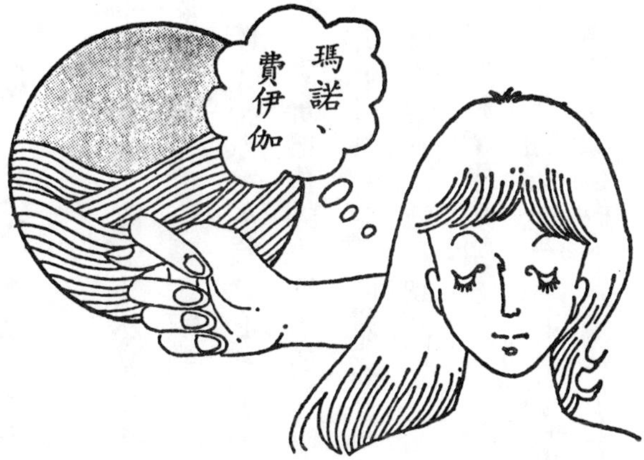

這是一道利用呪語和手印（手指彎曲成某種狀態）使災害遠離，並使人精神鎮定，能夠臨機應變。

施行的方法是，在災害來臨時，首先請握起右手（如圖所示地把拇指從食指和中指的間縫穿伸出來），然後口中唸唱「瑪諾、費伊伽！」這樣天災來臨時，您就能逢凶化吉。

聽說在日本，當一個看到出殯的靈柩車過來時，那瞬間趕快把拇指藏起來，這樣他就能看見死去的父母。而在歐洲這一道利用手印並唸呪語的呪術，聽說在以前確實也曾經救過不少人，所以一定要謹記這一招祛災防身的符呪術。

61 免除火災的符呪術

前年，日本的新日本大飯店，發生了一場大火災。救災工作在各單位積極搶救一週後，仍然未能恢復，看到那燒得焦黑的飯店和衆多擺在大門前用來奠祭葬身火窟的花圈，不禁令人爲之心酸而掬一把同情之淚。其後不久，國內外又傳出多件火災事件，看那慘重的災情，眞是令人聞「火」色變。

因此假如你在陌生的地方投宿，最好能夠確實了解太平口的位置和路線。另外，據說香煙是最容易引發火災的「凶手」，因此在丢煙蒂時請一定要確定煙頭的火是否已經熄滅了才離開。

接著，下面就是一道用來消除火災災害的符呪術。

請準備四塊銅板。大小約7公分四方、厚度不拘，但薄一些大概比較好做事。

另外再準備四根大一點的釘子。

施法首先是用釘子在每一塊銅板上刻上如圖所示的呪文。然後把刻上呪文的銅板和釘子分別埋在房子四個角落的地下。埋的深度大約是30公分深，而且埋的時候釘子要平放，切記不可以把它揷著或立起來。

這樣你的家就可以免除祝融的災害了。

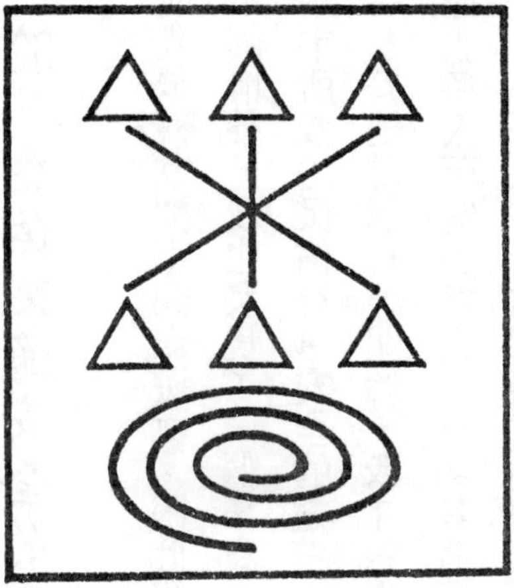

62 庇佑交通安全的符呪術

以前我很喜歡開車到處遊玩，因此經常看到一些慘不忍睹的車禍事件。除了對傷患表示同情外，我也發現了一個事實。就是有些發生車禍的車子裡面，也掛著許多著名廟宇所做的保佑行車安全的靈符。當時我不禁懷疑大量生產出來的靈符，是不是管用！於是從那時候開始，我才對自己做靈符發生興趣。

根據我個人研究的結果，一道具有靈驗的靈符至少有三種情形。

①是由一位修行高深者貫注精氣所做成的。

②利用呪符、呪語而產生效力的。

③普通人集中意識貫注精神而完成的。

因此，我認爲各位讀者只要誠心正意，同樣也可以自己來製做靈符。

接著以下就來介紹可以庇佑交通安全的符呪術。

請準備白紙一張（12×34公分）、新的毛筆、墨（請不要使用墨汁或奇異筆等

交通安全

），和一個用9×5公分大的絹布做成的袋子。又施行時間請選在深夜二點左右。

施法前請把房屋打掃乾淨，把身體各部分洗清潔，並換上乾淨寬鬆的衣著。另外還必須漱口、刷牙。

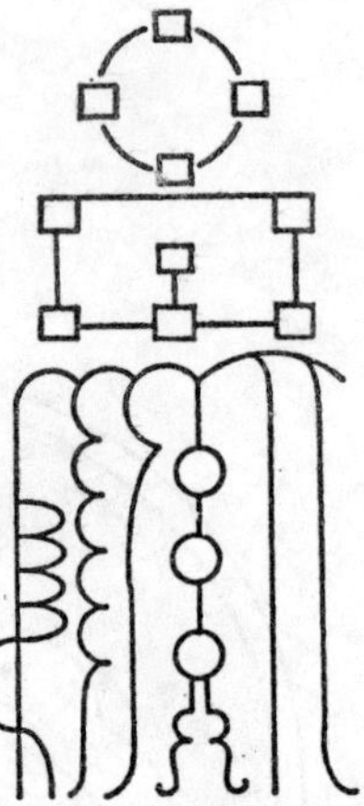

首先用毛筆沾磨得勻濃的墨在白紙上，一氣呵成地，書畫如圖所示的咒符。再把完成後的靈符裝入絹布袋中，放在車內，這樣它就能庇佑這部車的行車安全了。

63 賭博必勝符咒術

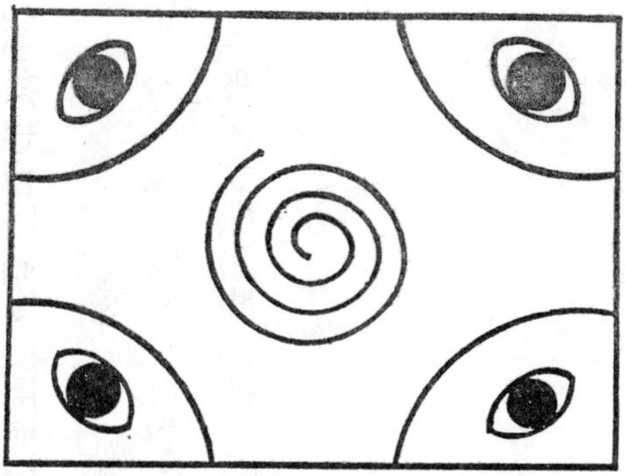

五年前，開始在體育雜誌上開了一個「賭博必勝占卜」。據說有一位讀者就把那些發表的占卜數字做了一年的統計，並算出占卜數的輸贏機率。發現有一段時期，雜誌發表的賽馬預卜以連勝的情勢一直繼續著，這位讀者就把這件事反映給報社，結果使作者跟著經常上了報出了名。

我從來就沒有玩過賭博這種「遊戲」，可是却經常看到有些人簡直是對之如痴如醉般的瘋狂。輸了就想扳回老本，贏了還想多贏一點，畢竟這也是人之常情。

當然玩賭博，大概沒有人不想贏！以下我就來介紹幾種必勝的符咒術。不過，事先再此奉勸讀者，希望不要沈迷此道，否則符咒術的靈效也會因過度使用而變得無效。

首先請在白紙上用毛筆沾墨仔細地書畫如圖所示的符文。完成後，就把它放在相當於心臟部位的左口袋中或裝在香火袋中用線繩掛在脖子上。

然後在開始賭博前唸呪語「阿骨多、摩露妮」三次，這樣就可以了。

第五章 使您健康的符咒術

64 長生不老的符咒術

長生不老，大概是大家所共有的願望吧，不過，實際上乃操之天命，並不能盡如人意。

在古代的中國，經常有人以各種方式，多方地研究，要如何才能長生不老。這就是所謂的長生不老之仙道。但是，這個修行非常艱苦，不是任何人都可以學習得來的。

所以，有人便想從漢藥或食物中提煉精華寶物，飲用藉以長壽，或者，利用符呪、呪文等來改變命運，使生命延續。

這些是比較簡單的方法，因此，自古以來卽受到多方的利用。不過，漢藥和食品與本文內容無關，所以，在這裏就爲您介紹應用符呪或呪文使人長壽的方法。

首先，介紹的是爲入中學前之兒童所做的長壽符呪術。

拿一條細小的絲瓜，切成如兒童中指般粗細的長條，然後，把它包起來，隔天讓孩子食用，這麼一來，這個孩子就可以長生不老了。

另外一個方法是，不分年齡，任何人都可以施行的長壽符呪術。

首先，煮白稀飯，當中放入切細剁碎的蓮藕。施呪的日子在陰曆三月的第一個中日，接著，抓一隻在該日出生的烏龜，用布把牠包住再以繩子綁住，以防溜走，然後把它放在肚臍下用帶子懸掛著，而後爬上附近的小山丘上，眼望東西南北四方，再把烏龜放生到河川裏。

在施行這個符呪術之前，最好先把最適於施呪的地點找好。然後，從隔天早上開始，每天飲用少量的松脂粉，如此一來不但百病不生，還可長生不老。

如果沒辦法取得松脂，或不敢飲用的人，可以以松果代替亦無妨。

65 保持健康的符呪術

時常見報章雜誌上，做占卜算命的工作，占卜的項目不外乎是戀愛運勢、金錢運、工作運、健康運等，大部分都不離這些範圍。

其中，對於健康運，自已本身並不特別用心去看，只是輕描淡寫帶過。因爲，以往的我從來不生病，卽使傷風感冒也只要充分睡眠就痊癒，身體頑健非凡。但是，四年前的一次印度之旅，使我的內臟，尤其是肝臟，大大地搞壞了。大概長途旅行的疲累也有關，回國後每天身體都感不適，卽使是稍微的外出，全身就覺得虛弱無力，這樣的情形，大約過了一年左右。

其間，我對於食物的種類、新鮮度、運動情形可大費腦筋，折騰了老半天，那個時候，才體會到，爲什麼占卜術中也有健康的符呪術，同時，也深刻地了解，健康是多麼地重要。

現在，每天健健康康地生活，深知自已體力的限度，所以，在不過分、有節制的原則下生活。要保持健康，一定要了解自已體力的極限，並且要有充分的睡眠，

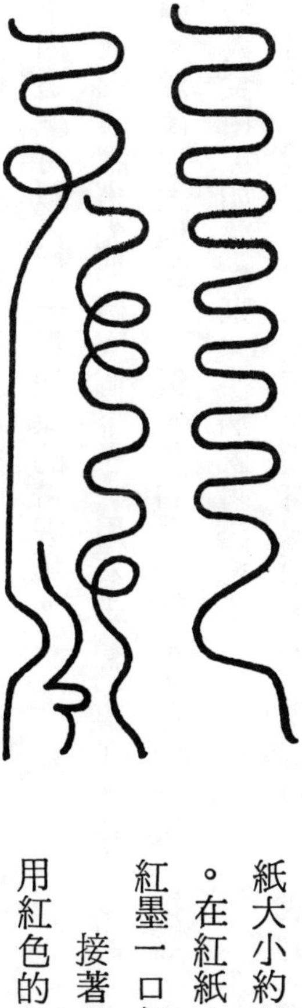

同時，請注意食物的均衡攝取。如此實行之後，再來學保持健康的符呪術。

請準備紅色的紙、桑木、紅墨以及全新的毛筆。紅紙大小約習字紙的一半即可。在紅紙上把上示的呪文用紅墨一口氣寫下來。

接著燃燒桑木，成灰，用紅色的符呪紙把它包起來帶在身上。

可以用絹布做成袋子，穿帶子掛在脖子，或直接放在襯衫的左口袋。

66 治療疾病的符咒術

疾病，不但使當事人身心受苦，就連周遭的人也會心情沈重、鬱鬱寡歡。

因此，在這裏就爲那些因病受苦的人，也爲使您的家人免去疾病疼痛之苦，介紹下面這個可以治療一切病疾的符咒術。

施咒前請事先準備一個棗子，用右手拿著棗子，口中誦護「華表柱念」的咒文七遍。然後大大地吸一口氣，往右手上的棗子猛力一吹。接著，再把該棗子加湯水給病人食用，如此一來，疾病就可痊癒了。

另外，還有其他治療病疾的符咒術，這是用咒符來完成的。在施咒之前，請將施咒用的房間清理乾淨之後，潔身沐浴。穿著乾淨的衣服，最好是白色的，然後再施咒。

首先，請準備白紙和全新的毛筆，以及墨、硯。把墨磨濃，然後將左圖的咒文，一氣呵成，再將這道咒符貼在病人的床下，或者放在棉被之下。最後，在睡覺之前，口誦如下的咒文：
「歐恩、阿佛迦、貝伊羅撒奴、摩加勃達拉、馬尼航道嗎基巴拉、哈拉哈里他耶、嗯」
如此復誦五遍，病魔卽退，身體則可恢復健康。

67 治療腹痛的符咒術

夏天氣溫炎熱，露著肚皮睡覺，或喝了太多的冰涼飲料，造成急性腹痛的經驗，我想任何人都有嘗試過吧。若是食用了腐壞的東西，引起輕度的食物中毒，使腹痛如絞，相信也有人經驗過吧。在此，就爲大家介紹一個可以治療這些腹痛症狀的符咒術吧！

首先，用清水磨墨，然後在書信紙般大小的白紙上，將左示的咒文一口氣書寫完畢。接著，把咒文筆直地放在腹部上面，您的腹痛立刻就可痊癒了。

另外，把下面的咒文一邊誦讀三回，一邊撫摸按摩腹部，腹痛也能立刻消除。

「秋風之冬初、樹立之物

草木也枯、蟲鳴也寂」

一邊唸著這個咒文，一邊按撫別人的腹部也可幫助他人治癒腹痛。

還有一個方法是，把竹筍皮燒成黑狀，取湯汁飲用，或把小麥桿燒成黑色，用

小茶匙二杯的水做成湯汁飲用，也可以治療腹痛。

但是，如果腹痛過劇，也可能是盲腸炎的現象，應該立刻找醫生治療才是。

68 防止牙痛的符呪術

牙痛是最令人受不了。似乎自古以來，深受牙痛之苦的人相當多，因此，防止牙痛的符呪術比起其他的治療傷疾的符呪術，種類更爲繁多。譬如，寫上呪文的神符、口誦的呪文、用梅樹或桑樹做成籤、應用針灸、誦經，甚至把神符揉成一團，塞進牙縫的方法等等，眞可謂百家爭鳴。

在此，就爲大家介紹二個效果較好的符呪術。

把呪文Ⓐ用濃墨寫在白紙上。

Ⓐ

接著，用疼痛的牙齒咬住，等它夾在齒縫內時，牙痛立刻就消失。這個時候，如果用太大或太硬的紙張，就沒辦法塞進口內，請特別注意。

另外一個方法是，在白紙寫上呪文Ⓑ，再把紙折成七折。

Ⓑ

虫是江南虫　卻來喰我牙

釘在椽頭上　永世不還家

因此，在這個時候，紙張不可以太小，在書寫完成的呪文首句「虫」的上方，用釘子釘住。在每敲打一下釘子時，卽口誦一次左邊的呪語，全部敲打七次，唱了七次呪文。

敲釘的位置是在家樑的最上方，也就是最接近天花板的地方，當您把呪文釘上去後不久，牙痛就可痊癒了。

但是，這個方法只是暫時敷衍而已，牙痛還是要從根治起，所以，當您患有牙疾時，勸您還是及早看牙醫爲妙。

69 治療精神錯亂的符呪術

看看最近的電視及報紙上的報導，犯罪的事件，漸漸地暴增。吃毒品，在無意識下殘殺毫不相干的人，或者胡思亂想，對鄰人施暴、殺害等等層出不窮，這個社會眞是變的越來越不安寧了。

當我執筆寫這篇原稿時，在愛知縣強姦六名女性致死，並且犯下強盜殺人大罪，共有九名被害者喪生的嫌犯，終於被逮捕了。這名男子據說還是偕同太太參加電視的猜迷遊戲，而獲得大獎的人呢，竟然做出這種人神共憤的事來，委實令人驚訝。我覺得像這樣的精神異常者，爲什麼其家人、朋友或鄰近的人都沒有發覺到呢？難道眞的沒有防患的辦法嗎？

現在，要爲大家介紹的，就是鎭服這類精神錯亂的人的符呪術，當然，本人是沒辦法做的，因此，必須由家人或者朋友代爲行之。

施呪所要準備的東西是，紅紙，大約是信紙的四分之一大小，一把安息香（產於南洋，屬於奇墩果科的植物的樹脂）、金粉、紅墨、全新的毛筆及白色碟子。施呪的時間，最好是在深夜二點左右爲佳。

首先，放一點安息香在金粉上，再慢慢地研磨，然後把左列的呪文一口氣書寫下來。接著，用朱墨塗刷其上，並且在呪文旁，塡上自己的名字及出生年月日。把完成的符呪放入絹布做成的袋內，用帶子綁住，把它掛在有精神異常的病人身上。

但是，使用這個呪符的同時，還是必須及早帶病人看醫生才好。

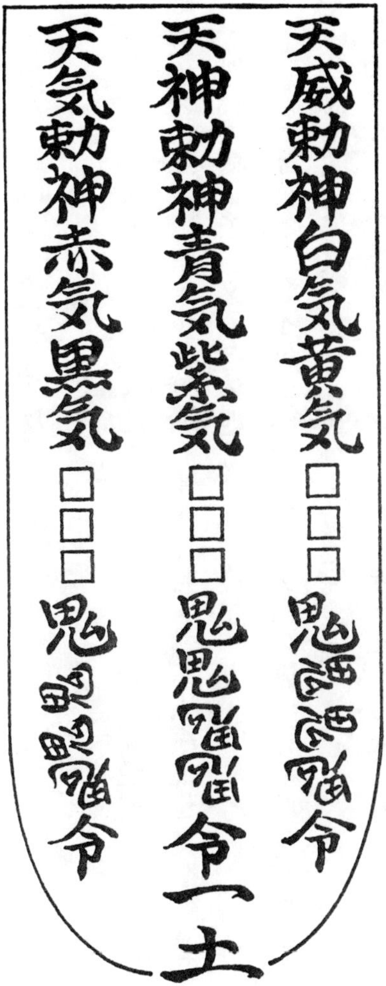

70 防止咬牙的符咒術

咬牙及打鼾，對於睡在其旁的人而言，實在是相當難受的一件事，即使要求他（她）不要咬牙或打鼾，不但無濟於事，而且，當事人縱然也一心一意想改掉這些惡習，但一旦睡覺了，又很自然地打起鼾、咬起牙來。

咬牙乃是牙齒的咬合不良所引起，如果去看牙醫，把牙齒稍做矯正，有的可立即把咬牙惡習改正過來，但是，並不十分地完全。

這麼一來，該怎麼辦好呢？這就要試試防止咬牙的符咒術之神效了。

方法是，在咬牙的人所睡臥的床舖下，取一把泥土，把當中的雜質垃圾清理乾淨，再將這把泥土用紙包好，在睡眠中的當事者沒有注意之下，放在他的頭上。

如此一來，幾近神效地，咬牙的惡習立刻就根除了。

當然，這個方法當事人沒有辦法做，所以，再介紹一個當事者可以自行施咒的方法。

施咒所要預備的東西是，儘量是越薄的紙張越好。請您務必在睡覺之前施行。

潔淨身體，用薄墨寫一個「米」字，把寫好的呪符用左手捏緊走到洗手間，把它換到右手之後，再把這張呪符吞飲下去，

另外，爲了方便您飲用，最好選用較小的紙張才好，這是相當具有神效的符呪術。

71 防止打嗝的符咒術

您是否曾經在重要的聚會、時刻裏，突然令人側目地打了嗝呢？人似乎在緊張的時候，越容易打嗝。普通，在這種情況下，只要不去理它，慢慢地它自然就好了，但是，因個人的差異，也有因打嗝得使您困擾不堪的情形。卽使拜託周遭的人，爲您拍拍背、企圖止住嗝兒，仍舊是ㄛㄛ聲聲的「哦，哦」，令看的人都覺得可憐呢。就連我也不禁擔心。

那麼，就爲大家介紹在這個時候，可以防止打嗝的符咒術吧。共有七種符咒方法，任何一種的效用都很高，但是，請不要一次施行多種符咒術。

卽使一次就施行七種符咒術，也不會使您的打嗝加速七倍地及早遏止。

① 慢慢地舐嘗黑砂糖，當您注意到自己的打嗝狀況時，打嗝及時就止住了。

② 屏住氣息、喝兩口開水，卽遏止了打嗝。

③ 在手掌上寫三回「犬」字，男人寫在左手掌上，女人則寫在右手掌上。

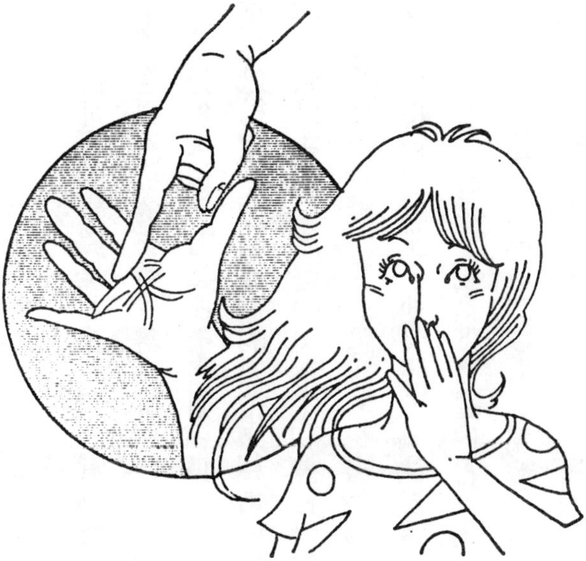

④　聞一聞阿摩尼亞的味道就好了。

⑤　兩手緊握猛地朝天花板高舉，充足地吸一口氣，然後稍微閉氣一段時間，打嗝就消除了。

⑥　在杯內注入清水（不可用冷開水），在杯內畫三次「寺」字，然後屏住氣息，喝它三口，打嗝立刻就不見了。

⑦　把柿子的蒂煎熬來飲用，可以止住打嗝。

這七種方法，都是遏止打嗝，極具神效的方法，請您選擇最適合您的方法來做吧！

72 治療打鼾的符咒術

打鼾的種類眞是五花八門，有高聲震耳的高血壓型，也有像患有鼻病的人所發出來含糊不清的濁音等等。據說，依據鼾聲的不同，還可以判斷一個人的健康狀況呢！另外，似乎有很多有打鼾習慣而自己還不清楚患有這個毛病的，因此，當事者並不以爲意，却給周遭的人帶來相當的困擾。

如果在團體旅遊中，不幸和會打鼾的人同處一室，那麼，大概就徹夜不得眠了。我的友人曾經向我抱怨說，在出差的時候被一名患有打鼾毛病的同事吵了一整夜沒辦法睡覺。以後，他又說：「往後還會和那個打鼾的同事一起出差，有沒有什麼辦法呀！」於是，我把下面這個符咒術給他，據說，從此就不再受鼾聲的困擾了。所以，在此，也把這個妙方介紹給大家。

準備的東西是茶葉一茶匙，麵粉二、三大匙以及鐵釘。

首先請把茶葉放入研缽中，搗碎成細粉，接著往西走，找一條河汲一瓢水回來

，然後在麵粉及茶葉混合中，徐徐地加入汲取回來的河水，仔細攪拌至濃稠帶硬的程度，再把它做成厚度5米厘左右，大小是7×3～4公分左右的長方形。

然後，在這塊長方體上用尖銳的釘子寫上打鼾者的名字及生辰年月日。完成之後，不要讓它接觸陽光，使它自然地乾燥，千萬注意不要用火爐等來燒烤。

乾燥之後，把它悄悄地放入打鼾者臥舖的脚邊。

那麼卽使睡在打鼾者的旁邊，也能安心地入睡了。

73 治療青春痘、黑斑的符咒術

青春痘或黑斑如果長年在年輕人臉上，倒顯得一份青春的嬌媚，可是，對於年紀大的人而言，却是煩惱的根源。大概每天就瞪著鏡子，徒嘆無奈吧。明明知道，青春痘不可以隨便亂抓亂擠，黑斑也不可在太陽光下曝曬，然而，事實上却沒辦法如意而行。在這裏，就爲大家介紹防止青春痘、黑斑的符咒術吧！

首先，請準備一個相當成熟的梨子，以及信紙一半大小的紙張（卽使弄濕也不破的紙）。

方法是先用擦菜板將梨子削碎，再把梨子碎片用白色的布（最好是用新的木綿布）包住絞汁，把梨子汁倒入碗盤之類的器皿，然後，把紙放入。當紙張充足地吸盡梨汁後，放在太陽光下，曬乾三天。在雨天或陰天時，這個符咒術沒辦法生效，因此，請您注意氣象報告再來施咒。

把乾燥後的紙張貼在臉上，然後口誦「阿古拉、布魯古、由恩」三次。

持續地做這個符咒術，不久青春痘及黑斑慢慢地就會從臉上消失了。

阿古拉、
布魯古、
由恩

74 治療蚊蟲咬傷的符咒術

一般被昆蟲咬傷，最普遍的是蚊蟲，因此，舉凡一切的蟲傷，都有以蚊蟲咬傷來一概而論的趨勢。這裏指的蚊蟲咬傷則是廣義的。我的體質比較特殊，卽使只是輕微地被蚊子咬了一口，夏天的傷口拖到冬天還沒完全好，眞令人傷腦筋。

被蚊蟲咬傷時，煙灰非常有效。手指上沾一點口水，藉著黏一些煙灰，塗在被蚊子咬傷的地方，不久自然就痊癒了。這是朋友教我的祕訣，到底源出何方就不得而知了，不過效果奇佳。

另外，爲大家介紹，當蚊子嗡嗡大叫，徘徊耳際久久不去，讓人無法入睡時的符咒術。

「天地太晴、日月太明、陰陽太和、唸急如律令」

把這個咒文暗記下來，誦讀七回，那麼蚊蟲就不敢靠近了。接著，再介紹被各類蚊蟲所咬傷的符咒術如下。

被蜂所刺的時候

●在土地上寫著「丙丁火」的呪語，再口誦七次。

●取蒼耳草的葉子，慢慢地攪碎，取其汁塗在傷口上。

●取芋汁，或將芋葉莖打碎取汁塗在傷口。

●取蓼葉的汁，把汁液抹在患部。

被蜈蚣所刺的時候

●把蛋打碎，細細攪拌，連續幾次抹在患部。

被其他蚊蟲、毒蟲所刺的時候

●在患部塗上一個「也」字即可。

●取牽牛花的葉子，榨取汁液抹在傷口。

●「明藏王所言之事勿忘、其生母娘娘乃萱原」把這個呪文反復誦讀三回。

以上介紹了各種不同蚊蟲所傷時的符咒術，不過，要注意不要混用才好。

75 封殺疳蟲的符咒術

經常抽筋的小孩，或者神經管嗶唎嗶唎作響，眼睛閃閃發亮的小孩，據說自古以來都認爲這些小孩的體內隱藏著疳蟲，而由於「疳」音和「感」相通，因此，有人也認爲具有疳蟲的人，其靈威力也比較強。

但是，做父母的每次看到孩子抽筋時，總是不知如何是好。

那麼，在此就爲大家介紹封殺疳蟲的符咒術吧，一旦消滅了疳蟲之後，孩子的性情會變得溫順乖巧，同時也比較不會抽筋了。

首先，準備的東西是白紙一張，大小大概是信紙的一半就可以了，還有全新的筆、墨、硯、鹽。

作法是，抓一把鹽放在硯台上，再加清水來磨墨，用磨好的濃墨如次頁所示的，寫上自已的名字、出生年月日及年齡，然後，在上面印上本人的手印。

接著，用水洗手，洗的時候，不必使用肥皂，洗好之後，大大地抓一把鹽在手

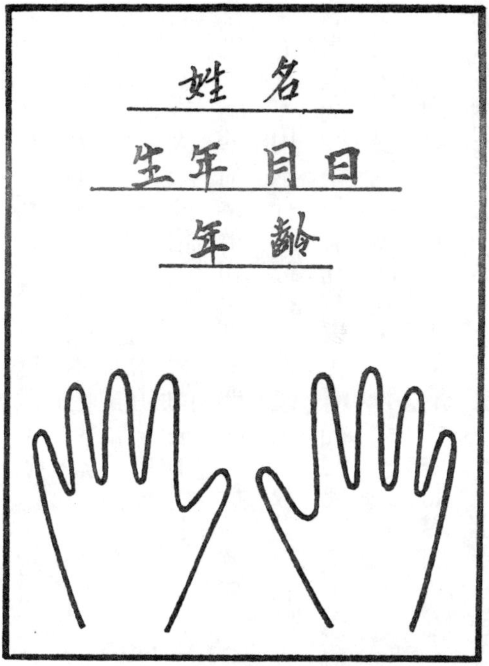

中搓揉，就宛如是用鹽巴洗手一般。然後，再用清水把手洗乾淨。

以上的過程完了之後，兩手緊緊地握住，等三分鐘，三分鐘過後打開手掌，一定會在指尖出現一個白白細長的東西，這就是疳蟲。

把它用白紙包住，拿到附近的河川放走。

那麼，疳蟲所帶來的一切毛病就可以鎮服了。

76 矯正卷毛的符呪術

卷毛，在旁人看來並不以爲意，但是，當事人私底下卻大傷腦筋。我的一位朋友，天生就是卷毛，爲此煩惱不已。然而，二、三年前，在某地遇見她，發覺她的頭髮竟然變直了。經我再三追問的結果是，她的祖母用古老的法子治好了她的卷毛。接著，就爲大家介紹這個古老的法子吧！

首先，請準備桑葉和麻葉，把這些葉子放在太陽光下直接曬乾。然後各取桑葉、麻葉五片，用水仔細搓揉，然後把它放進棉布做成的袋子裏，用水煮爛成汁，把該汁液當做洗髮精來清洗頭髮，清洗的要點是，用梳子一邊梳理頭髮，慢慢地塗抹汁液。

另外一個矯治卷毛的方法，是在椿油內加蛞蝓，溶解之後，把它塗抹在髮上。分量是椿油○・一公升，蛞蝓十個的比例。任何一種方法的療效都十分神奇，對於有卷毛煩惱的朋友而言，也許是一大福音吧。

第六章

護身的符呪術

77 九字縱横切割法的護身符呪術

在這裏爲大家介紹藉著九字縱横切割法的護身符呪術。在施呪之前，必須先潔身沐浴，同時儘量穿著清潔的服裝，最好是穿著白色或接近白色的衣物。

那麼，我們就來做這個符呪術吧！

切割九字的右手，把拇指彎曲，在其上扣住無名指及小指形成一個「印」形，也就是食指及中指伸直的狀態。

然後，面向北方，把腹中混濁之氣吐出，當一口吐出滿腹穢氣後，接著再面向東方，吸一口新鮮的空氣，在做這些動作之時，必須全神貫注，專心一意。

然後，口中唸著「臨、兵、鬪、者、皆、陳、裂、在、前」，如圖所示地用右手縱横畫割九字。

這個時候，做動作的右手，一定不可歪斜，動作要鎮定，如手切風般的感覺就對了。

另外，九字結合之後，必須再拆開復原才行。在拆九字過程中，請誦讀下列呪語。

「嗯，切里、去呀啦、哈啦、哈拉、復坦朗、巴索玆、索瓦卡……」

誦讀三回之後，把右手屈指而成的印形，鬆解開來，這麼一來九字卽告拆除，護身工作也完成了。

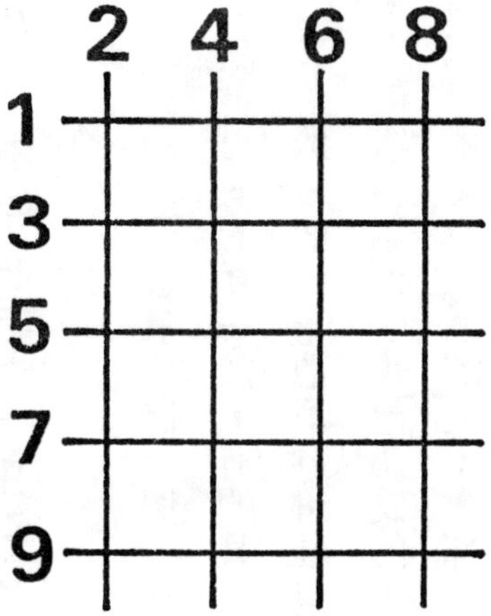

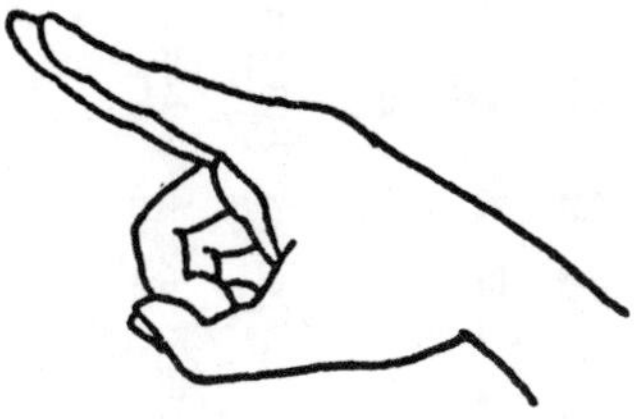

印形

78 破除惡靈、死靈作祟的符呪術

一般都以死靈、惡靈來概稱一切不良的靈魂，其實細分下來，名目可多著呢。靈魂是一個處境可憐的存在體，有的甚至不曉得自己已經死了。有的爲了希望別人能拯救自己於苦難，而一味地不分青紅皀白附在人體上。

甚至，有的靈魂對與它毫無瓜葛的人也死纏著作祟，叫人不知所措，爲之受苦。到我這裏來尋求解決之道的人，大部分都是被這些靈魂纏身煩惱的人。對於這些朋友，有的我會爲他們做除靈工作，有的則花長時間、做淨靈的處理。

靈感極強的人，自己是否已被靈魂纏身，一下子就明白。但是，一般人是不容易判斷清楚的。在這裏，先介紹一般人也能分辨清楚的識別方法。

首先，臉色鐵青或黝黑，或是顯得異常白的人，沒生病寫起字却手指顫抖的人，或者拍照，沖洗出來的照片白茫茫一片，或者有二個人影，在影像的肩部、頸部附近帶著白影之類的，都是被靈魂附身的傾向。但是，這些是外行人的判斷基準，如果您覺得有什麼不對勁的話，最好是請專家商量才萬無一失。

當您知道已經確實被死靈或惡靈附身時，請做下面這個除去靈礙的符呪術。

首先，請入浴或沖浴來淨身。然後穿上下一套整潔的衣物（最好是白色，否則請穿淡色的衣服），點二根蠟燭、焚香，把左側的呪文用薄墨寫在白紙上。

這張白紙稍後必須飲用，因此，請考慮其厚薄及大小。

施呪的時間在每天的早晨或深夜二點左右，連續七天。把完成的呪符加上半酒杯的醋，一起飲用，這麼一來，大都可以破除靈魂作祟了。

79 消除生靈糾纏的符咒術

所謂生靈，是指一個有生命的人，在無意識之下，附著他人身上作祟的意思。生靈在一般的場合裏，當事人並沒有自覺，因此，卽使要求當事人不要糾纏作祟，也沒有辦法。不但如此，還會讓人覺得您是怪人呢。

生靈，是極其強烈的無意識想念實質化而來的。變成生靈的人，其通靈能力非常強，如果您被生靈所怨，往往您的身體狀況會變得不適，偶有事故發生等等，是相當危險的。

當您覺得已經被生靈附體的時候，必須趕快施呪，才能解決它所帶來的災禍。

要判斷自己是否爲生靈附體，是不太容易的，不過，當您覺得似乎有人在注意您，猛一回頭却空無一人，這樣的情形反覆出現，或變得有束縛感（這種情況可能也是被死靈附身的傾向），甚至惡夢連連等，那麼，無疑地您已經被生靈纏身了。

我們就來談這個解決生靈作祟的符呪術吧！

這個符呪術必須非常集中意志來做才行。首先，請先沐浴淨身，並且把室內打掃乾淨。

準備的東西是，紙（信紙一半的大小）、筆、墨及姻脂。首先將左邊的呪文用墨書寫下來，接著用姻脂在下面寫上自己的名字及生辰月日。把這個呪符經常地帶在身邊，幾乎都可以消除一般生靈的作祟。

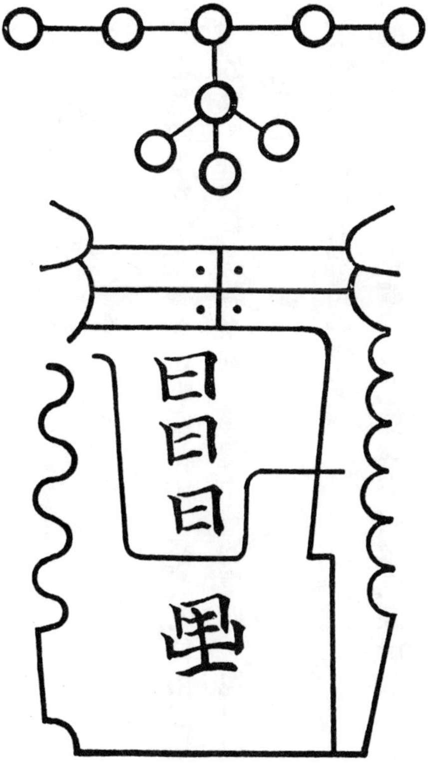

80 避邪符咒術

避邪和結姻緣的符咒術，在衆多符咒術當中，是最常使用的法術之一。

避邪中所指的邪，是眼睛所看不到，形體不一的東西。也可以把它當作是所有災難及邪惡的代名詞。

那麼，我們就來談這個避邪符咒術。

施咒要用的東西是銅線。把銅線以左旋轉方向做成漩渦狀，如同蚊香的形狀，再上下用力拉成圖B的形狀，接著把最上的角扭曲成垂直線條。然後，把它朝向北方，請務必把漩渦以左旋轉方向運轉。

漩渦圈的圈數，是您的年齡加上當天的日數。例如您今年十九歲，施呪當天是二十號，那麼十九加二十，您的漩渦圈數則是三十九。完成之後，請誦讀下面的呪文。

「阿普魯、古姆、巴羅斯、魯茜費、提歐、阿魯奴、巴瑪、魯恩、斯匹拉魯」

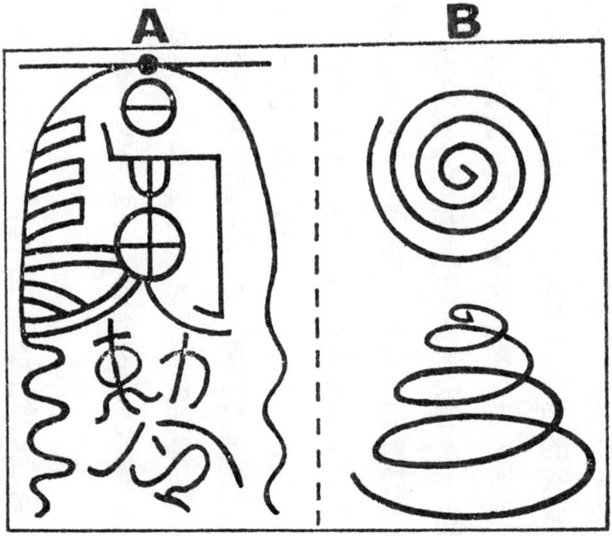

這麼一來，一定可以避開邪魔纏身。

同樣是避邪，如果有人希望其有效期間是一年，請做下面的符呪術。準備的東西是，信紙般大小的紅紙，或者是半張信紙大的紅紙一張，並請準備朱墨及全新毛筆。

請在早晨或深夜來進行這個符呪術。施呪之前，要潔淨口、手及臉並梳頭，儘可能地請換上清潔的衣物。

待一切準備妥當，仔細地研磨朱墨，然後把呪文Ⓐ書寫在紅紙上。在施呪過程中，請注意不要因上厠所、打電話等來中斷您的符呪術。最後，把完成的呪符貼在天花板或房間入口卽可。

81 拂却死神的符咒術

最近被人說影子變得稀薄的人，也許死神已經逼近您了也不一定。我見過各式各樣的人，的確有人是容易被死神或惡靈、死靈附身的。這些人的性格多半乖僻、對事物抱持悲觀的態度。像這類型的人，如果能糾正其性格上的缺失，卽使死神逼近了，也奈何不了。

在這裏，就爲那些已經矯正自己性格上的偏差、却仍被死神糾纏的人，介紹一個拂却死神的符咒術。當然，這對於尙未被死神附身的人而言也是非常好的。

首先來介紹那些影子變淡的人，也卽已經被死神糾纏的人所做的符咒術。

施咒的時間在深夜二點左右，施咒之前必須全身沐浴或沖浴，並請刷牙，服裝當然也是淸潔第一，儘量穿白色的衣服，接著用淸水慢慢地磨墨，用全新毛筆把咒文Ⓐ一口氣書寫下來。不要在中途休息，當然更不可以聽音樂或看電視，寫完之後，把它裝進布袋內（最好是絹袋），吊在脖子上斜向左腕的位置，如此，死神就可拂却而去了。

另一個方法是，爲了不讓死神纏身的符呪術。這在身體感覺不適、情緒低落的時候來實行最適宜。請把呪文Ⓑ寫在白紙上，方法如同呪文Ⓐ，把完成的呪符掛在身上，直到神清氣爽爲止。如此一來，死神一步也不敢跟近了。

這兩個呪符的有效期間都是一年，一年過後，請再重新書寫一遍。

A

B

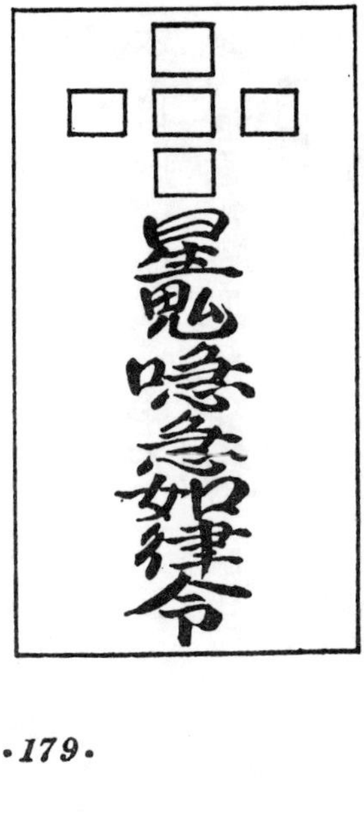

82 消除厄運的符呪術

西洋的凶年，聽說是七歲和六十三歲。在日本，以虛歲而言，男性在二十五、四十二、六十歲時；女性在十九及三十三歲都算是凶厄之年。而且，據說男性在四十二歲、女性在三十三歲，是大凶之年，必須特別地留意。

這些傳言是不是有科學上的根據，倒無人考證，不過，凶年往往是環境或身體狀況的一個轉變期，也可以把它當作是人生當中的一個休息點。實際上，在凶年遭逢事故、或身體不適等情況似乎較多，甚至容易發生糾紛。

那麼，我們就來談談消除凶年厄運的符呪術。

準備施呪用具是厚的紙，最好是表面顯得粗糙的紙張，水晶球一個，同時請預備全新的白蠟燭一根。

如圖所示地，請準備一個正三角形的容器。在容器內放入水晶球，點上蠟燭，在三角形紙張的每個角滴上蠟油後，牢實地把它封好。

然後，在每個月的初一誦讀下面的呪文。

「塔魯姆、布魯姆」

如此口誦呪文，就可以順利地消除厄運了。

每個月必須誦讀一次，合計十二次整整一年，都是有效期間，一年過後，在碰到下一個凶年時，以同樣的方式施呪就可以了。

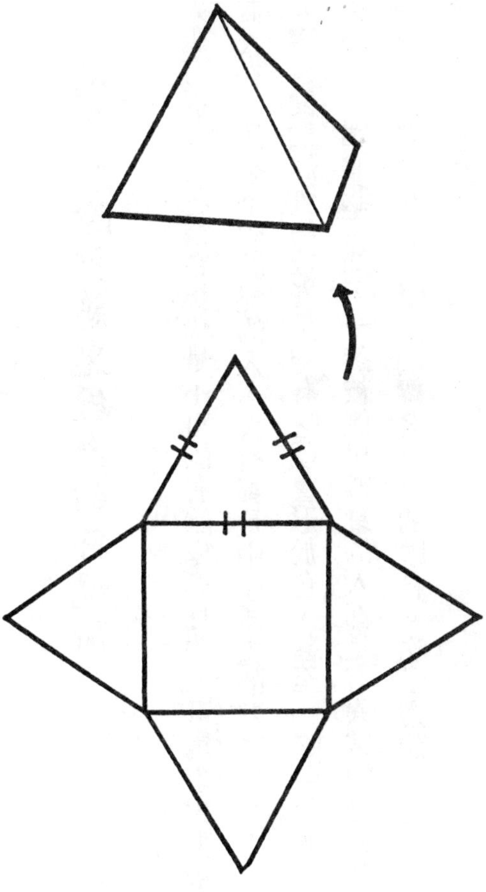

83 破除被惡鬼纏身的符咒術

大概有很多人認爲在現代是不可能有餓鬼纏身的，可是事實上被餓鬼纏身的，却大有人在。像有下列狀況的人，大概都是中了餓鬼的邪了。

非常喜愛油炸食物或者是一有吃就喜形於色，甚至「吃」忘形，這種情況算是很嚴重的。不過據我所知，一般被餓鬼纏身的人都是有異常的好食慾，吃東西的方式狼吞虎嚥，非常難看，眼睛閃耀著貪婪的眼神。吃了還想再吃，一講到吃的事整個人就會興奮起來。

被餓鬼纏身的人還有一個特點，那就是眼神無法集中，沒有辦法和別人的眼睛互相凝視。另外就是當事者再怎麼樣也不會承認自己中了邪。因此只好由旁邊的人來代替他實施祛除法術。

以下就是祛除餓鬼纏身的符咒術。

首先請準備松香約7公克和硫磺。一開始請將松香放在鍋裡，慢慢地一邊加水

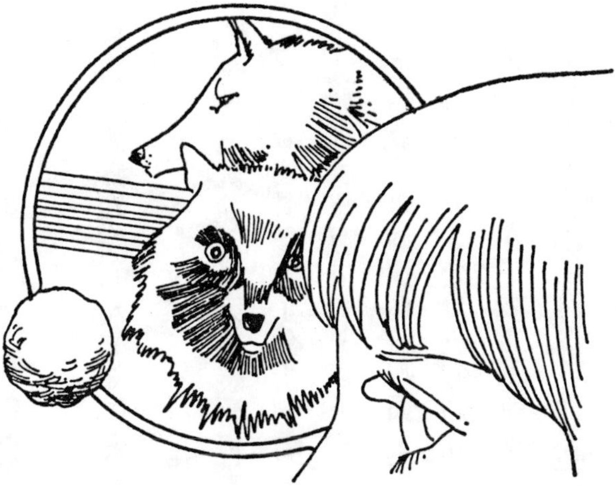

一邊攪拌均勻，底下用慢火加熱到完全熔解爲止。然後放入硫磺，再攪拌加熱，最後把水氣煮乾後剩下來的東西做成藥丸，用火烤過後，用紙包好，放在袋子裡面，讓那個被餓鬼纏身的人帶在身上，這樣那餓鬼自然就會待不下去而離去。

84 祛除惡靈的符咒術

要是一個好端端的人，却無來由地做了惡夢，無論是誰那一天心情都不會暢快。

有一位A先生就是因爲幾乎每天都惡夢連連而非常苦惱，所以，四處地尋求解決之道。經我對其夢做了分析判斷，並教給他一道祛除惡夢的符咒術後，據說從那天晚上開始他就沒有再做惡夢了。

下面我就來敍述這個符咒術，以供參考使用。

請準備大小約3公分正方的紅紙、新的毛筆、墨、硯台。

施法的時間要在午夜二點前後，切記決不能被別人發現。施法前要把室內打掃整潔，並把身體各部位清洗乾淨，然後才開始施法。首先，請用清水把墨磨勻濃，再用毛筆沾此在紅紙上書畫如圖所示的咒文。完成以後，再將這靈符放在襯衫的口袋或儘量接近心臟的位置，等到你不再作惡夢再將它拿出來火化，所剩下的灰燼就把它埋到土中。

另外，還有一道同樣是祛除惡夢的法術。那就是當你醒來時，口中就唱唸三次左列的呪語，這樣惡夢自然就會消失。

呪語：「夢見之夢隨後而去

心清如鏡澗如晴空」

或者你也可以用毛筆沾磨上勻濃的墨在同一張紙上寫三次，然後把它丟到附近的河川去，這樣也很有效果。

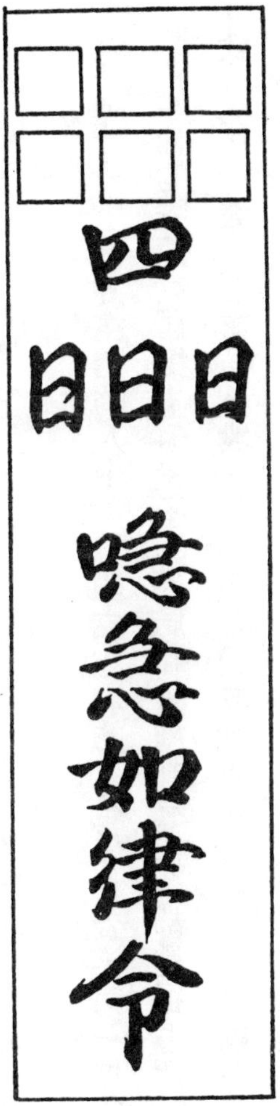

85 避免盜賊之災的符咒術

來向我訴苦被小偷闖空門的人中，有四成左右的人是住在公寓第一樓的最裡面那個房間。其他的雖然高居樓上但屋子的隔局和設施卻有很多都是很方便小偷進出的。因此除了房子最好要有防盜設施外，現金或其他貴重的物品也應該妥善藏好。出門時要注意門窗是否緊閉，平時也要和鄰居互通往來，以便互相照應。

這樣大概就能防止盜賊的侵入了。接著再來施做下面這個防盜的符咒術，效果更好。

首先請準備白紙（大小約12×34公分）以及新的毛筆和墨、硯台、清水等。

施法的時間最好是在午夜二點或清晨。

施法前請將室內打掃清潔，把身體各部位清洗乾淨，身上的服裝要換穿乾淨、寬鬆的上下衣着，然後才開始作法。一開始請將白紙折成二半，用手撕一個像圖A所示的那種人的形狀，接著畫上眼睛、鼻子和嘴巴。然後反過來在背面寫上如圖B

A

B

所示的呪文。

注意書畫呪符時一定要用毛筆沾磨得勻濃的墨，要是用原子筆、奇異筆或墨汁，就會失去靈效。

完成後的靈符，要貼在大門的入口處，就可以了。我經常接到因實施這個符呪術而不再遭到盜竊之災的朋友打來致謝的電話，證明這是一道神效卓越的符呪術，各位讀友如有需要敬請務必一試。

86 找出遺失物的符呪術

一個人對某件事情太過於熱中或睡眠不足、精神渙散的時候，頭腦就會渾頓不清，而經常發生遺忘或遺失東西的現象。假如是無足輕重的小東西就無所謂，但萬一所遺忘丟失的東西正是當事者不可或缺的物品，這就讓人心焦如焚了，甚至還得去報案請求協助。爲了避免這種害己又不利人的事情發生，下面就提供一些可以讓人很快找到遺失物的符呪術。

首先介紹的是找尋在家中遺失物品時適用的符呪術。

請準備白紙一張（大小約7×17公分），因爲必須要能立起來，所以必須要硬一點。然後用毛筆沾濃墨在其上書畫如圖A所示的呪文，再把它立在廚房最裏面的地方。然後把左邊的呪語唱唸七次，這樣你就能很快地找到那個遺失物了。呪語：

「翁嗯阿莫揪貝伊露西亞那烏·馬佳莫塔拉·
瑪里漢多瑪·人嗯巴拉·哈拉哈里塔呀·烏嗯」

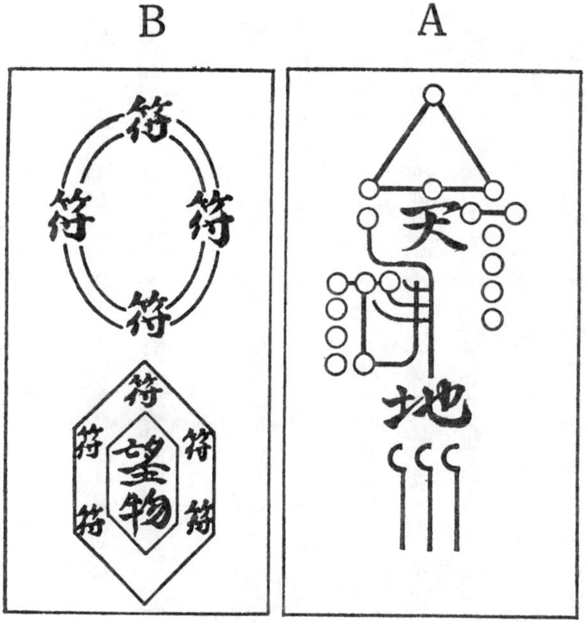

另外，如果是在外面丟失東西時，就要施行下面符呪術。

用毛筆沾濃墨把呪文Ⓑ寫在像報紙那樣大的紙上。注意施呪時，要把室內弄暗。時間最好是選在深夜二點左右。然後你就坐在這張靈符上，心中暗唸著遺失物，接著慢慢地向左打轉，最後身體自然靜止下來面對的方向就是東西遺落的那個方向。

87 破除被人詛呪的符呪術

當你被人詛呪的時候，如果你毫不在意而置之不理，那麼即使你的本命星有多強，到頭來還是會出現異狀的。像身體發生不適，情緒突然低落，或經常受傷等等。

因此，不論如何，既然知道被詛呪，就一定要設法來破除。下面這個符呪術就是一個好方法。

首先請準備白紙、毛筆、硯台、墨（請不要使用墨汁）。施法前一定要把房間打掃清潔，同時把身體各部位清洗乾淨，再讓精神集中，專心而沒有雜念。然後用清水把墨磨得匀濃，再用毛筆沾些在白紙上書畫如圖A所示的呪文然後貼在胸口。這個符呪法要在午夜二點左右來施行，並且要連續做一個禮拜。

上述的符法做完以後，請在大小約3×34公分的白紙上書畫如B圖所示的呪文。完成的靈符請把它貼在房子四個角落接近天花板的地方。等到別人的詛呪已經失效時，才把咒符B撕下來。

以上A、B二種咒符一起併用，這樣必定能破除別人對你的詛咒。

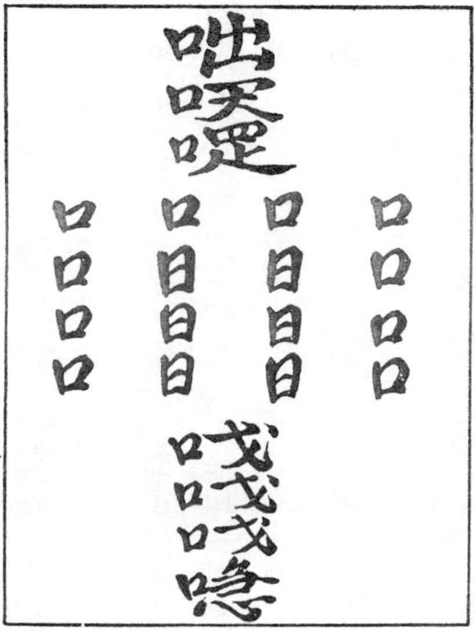

A

B

88 破除被人施符咒的符咒術

被別人施了符咒，那是很嚴重的。尤其是施符咒的那個人是念力很強或修行很深的人，如果被施符咒的人不能早一點想個辦法來應付，可能受害的程度就不只是生病或受傷而已了。

因此一個眞正的呪術法師，最先必須要知道的並不是要如何施符呪，而是要了解如何破符呪。

接下來我就來教各位破除符法的一個有效方法。

這是我到印度旅遊，在某鄉下茶館中所遇到的事情。

當我和茶館的主人正在談論有關幽靈和符呪術的時候，坐在角落的一位男子聽了覺得很有趣，就過來跟我們聊起來。後來這名男性就捲起袖子，讓我們看他那結在手腕上的一條紅帶子，並且以一種很愼重的口吻告訴我們說，那條帶子結在手腕上已經有二年之久了。

「以前我在工作上和某人結了怨，那個人就請了一位符呪師對我施符法。於是我也請來一位符呪師來破除對方的符法。而這條紅帶就是那位符呪師給我的護身符，要是把這條繩子拿開，我可能就有生命的危險。」

後來我央求那名男士帶我去拜訪那名給他紅帶子的符呪師。在一個掛滿骷髏和充滿著奇怪藥草味的地方，我見到了那位法師，經我死求活賴地請託，於是我得到了這種破除別人符法的方法。

那就是，用紅色的棉線，做成一條粗約〇・五公分大的線，然後焚香薰三天三夜。再把它結在被施了法的人的手腕上。直到對方的符呪失效前，否則決不能解下。要是對方的符呪消失了，再把這條紅棉線和寺廟的神木葉子一齊放在香爐中燃燒，讓它歸返天國。

這是一道由印度法師傳來破除別人符呪的法術，希望各位讀者能好好珍惜，必要時它也可能是你保身立命的救星。

第七章 開運的符咒術

89 讓願望實現的符咒術

古時候，據說日本人在有什麼願望時，就到寺廟去參拜一百次或跑去讓瀑布沖擊，這樣心中的願望就會實現。現在也有人乾脆直截了當地向神明祈願，並且表明假如這願望要是能實現，他就會預備最好的牲禮來祭拜或捐多少錢給寺廟，卽所謂的「還願」。

另外，下面這個符咒術也有助你實現願望的靈效。

請準備白紙、新的毛筆、硯台、墨等。施法的時間請選在深夜二點左右。施法前要把室內打掃清潔，施法者本身並要身體各部位包括口腔、牙齒、手等洗乾淨，服裝也要換上清潔寬鬆(儘可能是白色)的上下衣着。

施法開始首先請用清水把墨磨得匀濃，用毛筆沾些在白紙上，一氣呵成地書畫如A圖所示的呪文。靈符完成後，把它折好放進袋子裡，白天隨時帶在身上，晚上則放在枕頭下。這樣就可以使心中的願望早日實現了。

接著下面還有一道可保願望早日實現的符咒術。

作法與準備用具都和靈符A大致一樣。只是紙要用紅紙，呪文則要書畫得像B圖那樣。做好的靈符，用袋子裝起來，放在上衣左側的口袋卽可。

90 賺大錢的符咒術

最近聽許多父母對孩子將來的期望，都說希望孩子以後能做醫生。理由是，做醫生錢賺得多。時代確實是在改變，這年頭的人，既不想做大官又不想做大事，倒是對賺大錢汲汲鑽營起來了。

既然大家這麼嚮往賺大錢，這裡就提供一個賺錢的符咒術供大家參考。

要做這道法術必須準備蘿蔔、雕刻刀、紅色的染料等。

首先請將蘿蔔切成每塊約5釐米左右的大小，然後上面塗紅色染色（注意要塗到均勻並且呈現紅的顏色），接著曬乾。曝曬的時侯，請要隨時注意，不要讓蘿蔔翹起來變了形。

等完全都乾了，再用彫刻刀在蘿蔔塊的上面中央彫刻一個「金」字。完成以後，你每天晚上睡覺時就把它放在枕頭下。這樣你就會逐漸地賺錢了。

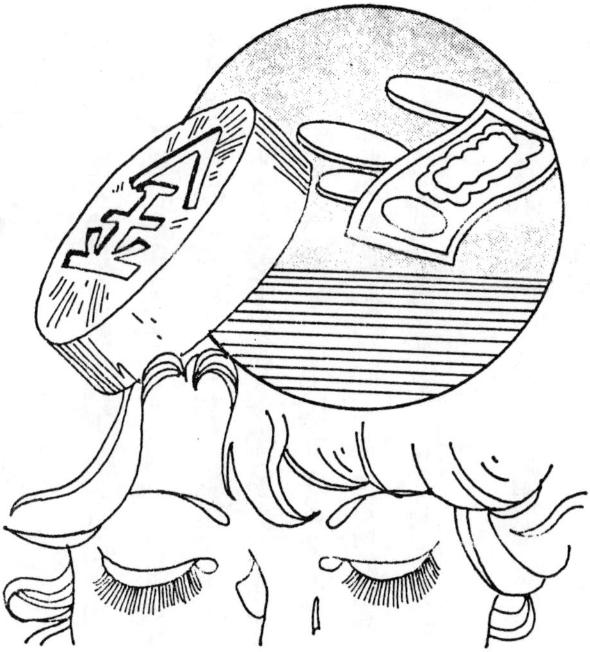

91 帶來好運的符咒術

要想好運氣降臨，最重要的是要能明確地掌握自己周圍的狀態。因爲如果連現在自己的處境都不明瞭，卽使好運果眞到來，你也無法適時地掌握住。所以一定要有敏銳的感覺和洞察力。這裡所說的感覺是指一個人在有靈存在的場所或碰到幽靈出現時，肌膚會發毛發冷。而洞察力是指能夠看透別人心事的能力。就像心理學上那一套一樣，藉觀察一個人表現在外表的言行擧止來論斷當事者眞正的心意。當然不只人如此，對於周圍的狀況，也可以憑著一些細微的徵兆來查覺自然的動態。首先把自己訓練到有這種能力，接著再來施行下面這道喚來好運的符咒術。

準備金紙和銀紙及稍有厚度的圖形紙板。二個玻璃杯（最好是用喝香檳酒的酒杯，不然一般酒杯亦可）還有少許白砂。

首先用厚紙做七個直徑約3公分大的圓形。四個兩面都貼上金紙（卽變成金色

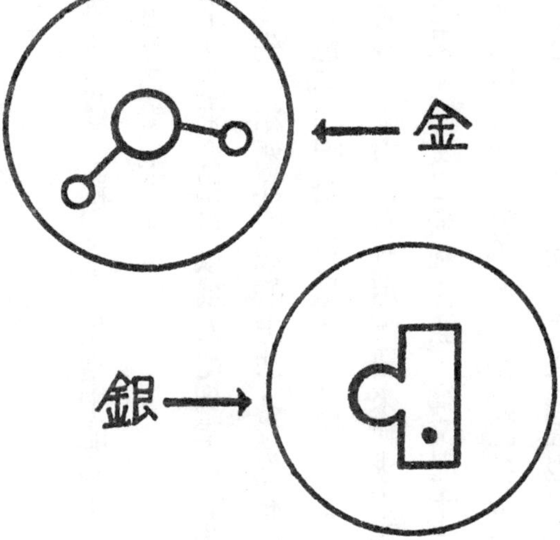

的圓形紙），剩下三個則兩面都貼銀紙。然後書上如圖所示的呪文。接著二個玻璃杯盛滿白砂（使砂滿到呈現山的形狀）。

把這兩杯砂並排在陽光不太強烈的地方。然後對著玻璃杯一面唸著呪語，一面把金銀靈符交互地放到杯子裡。也就是唱唸著呪語「好運到我這裡來吧！」第一天，就把一個金色的靈符縱立地揷到右邊杯子的白砂中去。第二天，把銀色靈符揷到左邊的白砂中去。這樣連續做了一禮拜（七天）後，好運自然就到來。

92 召喚幸福的符咒術

誰不希望幸福呢？一生當中能夠平平安安，沒有什麼災厄，並且無所缺乏，這樣就可算是幸福了。

下面我來介紹可以讓人得到幸福的法術。

首先介紹西洋祈福的方法。當你在祈求幸福時，口中只要多唱唸幾次「阿布拉卡達布拉」的呪語就可以。

另外在東方也有利用呪語來祈求幸福的。其詳細情形是：祈願的人口中要唱唸著「奧恩、梯又巴米利梯亞、梯又巴卡米利梯亞、沙拉阿拉已撒烏、阿拉烏巴卡、阿梯亞休拉烏亞、巴卡第、已那巴拉蘇格、蘇哇卡」，這個呪語多唸幾次以後不但祈願者自然能心平氣和，而且幸福也會很快降臨。

除了呪語祈福的方法外，也可以利用呪符來召喚幸福。

請準備白紙（大約12×34公分）、新的毛筆、硯台、墨等用具。施法前要把房間打掃乾淨，施法者要把身體各部位，包括頭髮、口腔、手等洗清潔，頭髮並梳理整齊，服裝請換上乾淨而且寬鬆的衣着（最好是白色的）。

首先請用清水把墨磨得勻濃，集中精神，一氣呵成地用毛筆沾此濃墨在白紙上書畫如圖所示的呪文。完成後，就把它折好用絹布袋裝起來，每天帶在身上，這樣就能召來幸福了。

93 讓你獲得錢財的符咒術

現在的人要想一攫千金那簡直是不可能。但是找一個有錢人結婚，或期待從來未曾往來的親戚突然選你爲財產繼承人，或工作無意中逮到一個好機會而大賺一筆，這也不是沒有的。不過有一項可以確定，老是坐著等待錢財來找你而自己一動也不動的話，那你可能永遠就只有做夢的份了。

以下介紹一道可以實現發財夢的符咒術。

請準備白蠟和小刀。

方法是用白蠟做一條船。要細心並且不能被人發現。船做好了以後在其船側腹用刀刻上「BONA·DEA」的咒文。做這個動作，要選在該月第一個星期的偶數日，天空繁星閃耀的夜裡進行。

刻好咒文的船，把它藏起來，不要被人發現，就可以讓你有得到錢財的幸運了。

94 庇佑一年幸福平安的符呪術

「一年之計在於春」我認爲這個「春」應該是指春節。「好的開始是成功的一半」因此有許多人會考慮在年頭重新立志開始一年的奮鬪。一般的習俗中我們也都會在春節時到寺廟去祈求神明保佑全家人大小的平安或身體健康、生意興隆，戀愛順利等等。

下面我特來向各位介紹一個能保佑你幸福過一年，效果絕佳的符呪術。不用說，這個符呪術在年頭來做最好。

請準備白色的紙、新的毛筆、墨和硯台。施法前請把室內打掃清潔，身體各部分洗乾淨。接著才開始。首先用清水將墨磨得勻濃，集中精神，用毛筆沾此濃墨，一氣呵成地在白紙上書畫如圖所示的呪文。施行這法術要是在除夕晚上鐘敲完十二點以後來做最恰當。完成後的靈符貼在正門口的正面，靈符必須每年換一次。

立春大吉日唸急如律令

95 讓您有足夠零用錢花用的符咒術

有人生來就從來不會因爲沒有錢用而煩惱。

我有一個朋友就是其中的一個，雖然她很會揮霍，但卻從來沒有聽她爲缺錢而煩惱。每次看她就快沒錢了，但從某個地方又會跑出一筆錢來。想要什麼東西的時候，很奇怪地她也馬上就會賺到相當的錢。像這種情形，實在是令人羡慕。

下面我就來介紹一個能讓你在零用錢方面免於匱乏的符咒術。

要做這個法術請準備麵粉、蛋黃、金粉、釘子和紅色的線等。施行的方法是把蛋黃放到麵粉裡再加一些水一起攪拌，用擀麵棒擀平，然後用5～6公分大的瓶蓋壓一個圓餅出來（一個就夠了）。然後用釘子在其表面上刻一個「金」字，反面再刻上你的生辰年月日。最後在上端部位挖一個小洞。這些事項都完成以後，就把它放在太陽下曝曬三天讓它乾（請不要使用烤箱）。因爲這是生的東西，遇到下雨或陰暗潮濕的天氣，就會腐壞，所以做這個靈符前請注意天氣預報。

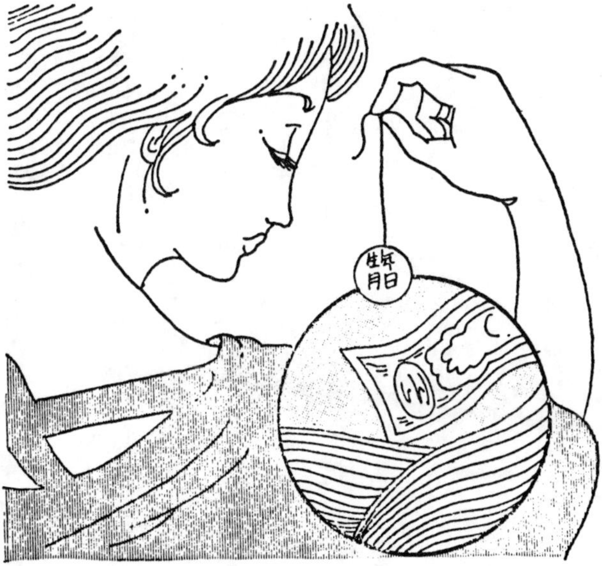

等這靈符乾了以後，再用溶有金粉的水塗漆兩面，然後用紅色的線穿過預留的洞，把它掛在屋簷下。

這麼一來你就不愁零用錢會不夠了。

這道法術有效期間只有一年，一年過後就必須重作。

96 讓您的零用錢增加的符咒術

隨著物價的上漲，生活多少也變得難過一些。所以身邊的零用錢如果沒有加多一點，日子可能就不能過得很瀟灑了。

當然去兼差賺外快是最好的，可是萬一碰上準備考試沒有時間或學校禁止，那就只好向父母伸手了。

不幸的是父母也不給或給不多，這時候要怎麼辦？當然你絕不可以採用「正攻法」硬要，但也用不着灰心，因爲你可以試一試下列這個符咒術，說不定父母親會回心轉意答應你的要求也說不定。

準備一張白紙（2×5公分左右）和金粉、雨水。做法是用雨水來攪和金粉，然後用筆沾上在白紙寫上希望的零用錢數，並在紙的四個角落都寫上「金」字。

完成後的靈符，要偷偷地放在對方的錢袋中去，這樣不久你就可以得到心中所希望的零用錢。

另外還有一個方法。是請準備一張紅色的紙，大小約4×7公分，和一支新的毛筆、墨（不可用墨汁）、硯台等。

做法是先用清水將墨磨濃，用毛筆沾墨，在紅色的紙上書畫如圖所示的呪文和希望的金額、你本身的名字。完成後的靈符折成四折，另外用紙包起來，最後用蠟燭的蠟封起來。然後把它貼在要給你零用錢那個人睡覺床鋪的頭部位置下面，或藏在其枕頭下，注意不可以被發現，否則就沒有效了。

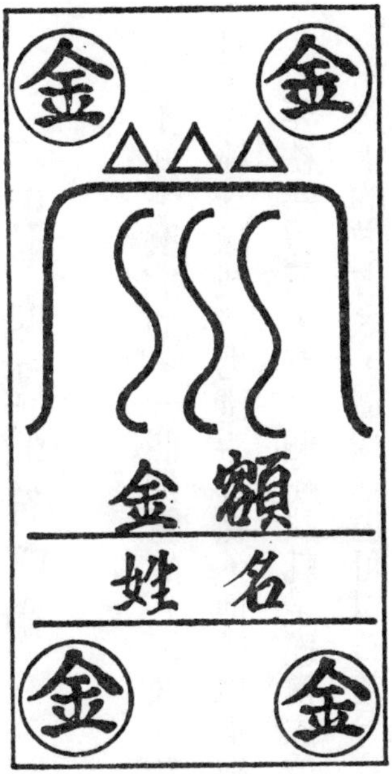

97 開運的符咒術

不知怎麼搞的，一個倒霉的人好像都結交到那些運氣也是不太好的朋友。就好像是棒球隊或角力選手那樣，他們也很難結交到一個強盛的對手。

要袪除霉氣，有一個祕訣就是經常去依附勝利者，例如去做爭奪第一名的強對或選手的啦啦隊，這樣你也可以時常分享勝利的盛氣，自然地你的「運」也會逐漸變強起來，陰霉之氣也就自然退散而去。

還有身上的裝飾品、鐘錶、袖釦、領帶夾、鑰匙圈等都選用金色的，這也可以開一個人的金錢運。

在與人交往時，要選擇那種運勢強盛、心胸開朗、樂觀而又奮鬪的人來做朋友，這樣自己的「運」也會受到影響而逐漸地強盛、好轉起來。相反地如果你常和一些陰霉的人、喜歡發牢騷、只會怨天尤人不知自立自強、病弱或時常倒霉的人混在一起，你自己卽使還有一點好運，也會被吸走而跟他們一樣。

一個人的運氣，是可由個人的努力來改變的。

以上僅提供這些利用外在的因素來強化自己運勢的方法，相信若能確實照做，一定可使你的運氣亨通。

98 轉禍為福的符咒術

最近有一位連續幾年來一直遭到不幸事故的人，希望替他消災解厄。他的遭遇是祖父去逝，姊姊離婚、孩子又發生車禍……等不幸的事情，接二連三地發生，好像是有什麼在作祟似的。

經過我的觀察，其實不是什麼惡因緣或惡靈在作祟，而是他的家運現在正好遇到一個刼。因此我就教他一道祛禍致福的符咒術。結果由於效果良好，一時之間前來受教的人突然增多了。但是等到災厄降臨、不幸發生，才要來施法，這樣似乎太遲了，所以下面我就提供一道足以祛禍致福的符咒術給各位參考使用。

首先，請從距離住家最近的桃樹上摘取桃木回來。再利用桃木做一塊2.5×4.5公分大的板。然後準備新的毛筆、墨、硯台、清水和一個絹布做成的袋子。

開始時請用清水將墨磨得勻濃，集中精神用毛筆沾上濃墨，一氣呵成地在桃木上書畫如圖所示的呪文。接著在另一面寫上自己的名字和生辰年月日。

最後把靈符用絹布袋裝起來，掛在身上，除了洗澡的時候，請不要拿下來。這樣它就能庇佑你轉禍爲福。還有要做這道靈符，時間最好是在早晨或深夜二點左右。

99 觀察氣色的符咒術

所謂氣色是指一個人身體發射出來閃耀在軀體周圍的能量光彩。這是一個普通人肉眼所無法看得見的。直到蘇聯的蘇米雍·柯耳利鞍發明了可以拍攝能量光環的攝影機以後，這種「氣色」才現出原形。從那些照片中我們可以很清楚地了解，一個人的氣就像是瓦斯的火焰一般從人的軀體源源不斷地發散出來。

除了用機械（特殊的攝影機）可以看到人的氣色外，也可以利用符咒術。有一種方法是，在洗澡的時候，你只要集中精神凝視你的手，特別是指尖，就可以看見了。

另外，就是請準備一些色紙。最少要有白、黑、藍、紅等幾種顏色。把手放在紙上，然後凝視手背就可以了。因爲每一個人的氣色顏色各有不同，因此必須試驗看看，手要放在那一種顏色的紙上最恰當。

要不然就是把紙貼在牆上，關掉電燈，只留一盞燭光，然後把手伸在紙的前面

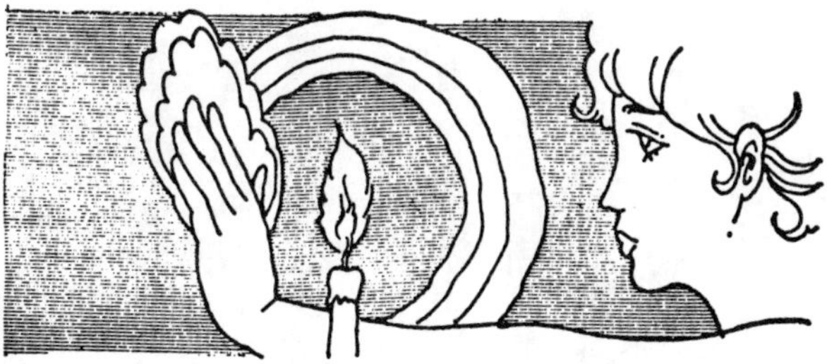

，最好是請朋友大家圍坐在一起。再睜大眼睛，一瞬也不可眨眼地凝視著，或像近視眼看人那樣瞇著眼凝視，這樣就可以看到手尖或朋友的肩或頭部都會有「氣色」的出現。

通常我們可以根據氣色來判斷該人的精神狀態或健康狀態。一般籠統地說氣清色明就是好，不好的時候就會呈現混濁狀，甚至出現黑色。另外：

桃色＝有朝氣、很積極。

橙色＝對人體諒、心地寬厚。

綠色＝生命力強、站在指導性的地位

藍色＝充滿智慧和靈性。

白色＝心身平衡、人格高尚。

紅色＝氣勢高亢、處領導者的地位。

總之能夠觀察到氣色，不但可以達到自身的管理，而且也可以利用它來診斷他人的內心或外在身體的疾病。

100 萬靈的符呪術

事實上眞的是有萬靈的符呪術。這種符呪術它會發出一種令人不可思議的靈效。就是一般所謂的「氣」。在中國仙道術中認爲人是被一股「氣」所左右的，要是能使這股「氣」強盛，並且善於控制，這樣一個人就可以百病不侵，甚至操縱命運。

有一個方法可以讓我們感到「氣」的存在。首先就是你找一個朋友來，兩人對坐，再按照圖所示的那樣（二一七頁圖）兩人手掌相向，距離約2～3公分，或者是自己左右手掌相向然後前後移動，這樣雙方就可以感到一股氣流從對方的手掌傳過來。這就是氣。

了解了氣的存在後，接著請用手對花草樹木來感應其氣，等到你也有辦法感到外物的氣以後，請用手來隔空感應各寺廟的靈符，這時候你就有辦法判斷所試驗的靈符是否有效了。一般說來一個越有靈氣的靈符，它的效力就越好。

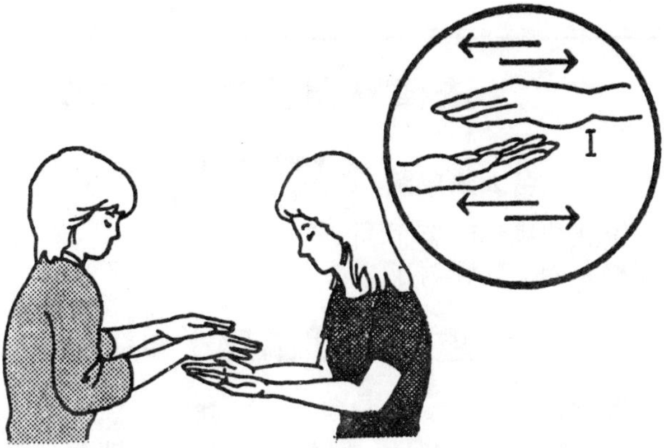

而如圖所示的圖案，它就是一種充滿著靈氣的靈符。我經常把這種符帶在身上，它可以幫助我招來更大的靈效。

我在房子裡也貼了一張，爲的是要藉助其靈效來控制室內的「氣」和避除邪氣或惡靈來干擾我的工作。

總之，它是我所知道的符咒術中，一個最具有靈效的呪符。

大展出版社有限公司　圖書目錄

地址：台北市北投區11204
致遠一路二段12巷1號
電話：（02）8236031
8236033
郵撥： 0166955～1
傳眞：（02）8272069

•法律專欄連載•電腦編號58

台大法學院 法律學系／策劃
法律服務社／編著

①別讓您的權利睡著了1	180元
②別讓您的權利睡著了2	180元

•趣味心理講座•電腦編號15

①性格測驗1	探索男與女	淺野八郎著	140元
②性格測驗2	透視人心奧秘	淺野八郎著	140元
③性格測驗3	發現陌生的自己	淺野八郎著	140元
④性格測驗4	發現你的真面目	淺野八郎著	140元
⑤性格測驗5	讓你們吃驚	淺野八郎著	140元
⑥性格測驗6	洞穿心理盲點	淺野八郎著	140元
⑦性格測驗7	探索對方心理	淺野八郎著	140元
⑧性格測驗8	由吃認識自己	淺野八郎著	140元
⑨性格測驗9	戀愛知多少	淺野八郎著	140元

•婦 幼 天 地•電腦編號16

①八萬人減肥成果	黃靜香譯	150元
②三分鐘減肥體操	楊鴻儒譯	130元
③窈窕淑女美髮秘訣	柯素娥譯	130元
④使妳更迷人	成　玉譯	130元
⑤女性的更年期	官舒妍編譯	130元
⑥胎內育兒法	李玉瓊編譯	120元
⑦愛與學習	蕭京凌編譯	120元
⑧初次懷孕與生產	婦幼天地編譯組	180元
⑨初次育兒12個月	婦幼天地編譯組	180元
⑩斷乳食與幼兒食	婦幼天地編譯組	180元
⑪培養幼兒能力與性向	婦幼天地編譯組	180元
⑫培養幼兒創造力的玩具與遊戲	婦幼天地編譯組	180元

⑬幼兒的症狀與疾病	婦幼天地編譯組	180元
⑭腿部苗條健美法	婦幼天地編譯組	150元
⑮女性腰痛別忽視	婦幼天地編譯組	130元
⑯舒展身心體操術	李玉瓊編譯	130元
⑰三分鐘臉部體操	趙薇妮著	120元
⑱生動的笑容表情術	趙薇妮著	120元
⑲心曠神怡減肥法	川津祐介著	130元
⑳內衣使妳更美麗	陳玄茹譯	130元
㉑瑜伽美姿美容	黃靜香編著	150元

•青 春 天 地• 電腦編號17

①A血型與星座	柯素娥編譯	120元
②B血型與星座	柯素娥編譯	120元
③O血型與星座	柯素娥編譯	120元
④AB血型與星座	柯素娥編譯	120元
⑤青春期性教室	呂貴嵐編譯	130元
⑥事半功倍讀書法	王毅希編譯	130元
⑦難解數學破題	宋釗宜編譯	130元
⑧速算解題技巧	宋釗宜編譯	130元
⑨小論文寫作秘訣	林顯茂編譯	120元
⑩視力恢復！超速讀術	江錦雲譯	130元
⑪中學生野外遊戲	熊谷康編著	120元
⑫恐怖極短篇	柯素娥編譯	130元
⑬恐怖夜話	小毛驢編譯	130元
⑭恐怖幽默短篇	小毛驢編譯	120元
⑮黑色幽默短篇	小毛驢編譯	120元
⑯靈異怪談	小毛驢編譯	130元
⑰錯覺遊戲	小毛驢編譯	130元
⑱整人遊戲	小毛驢編譯	120元
⑲有趣的超常識	柯素娥編譯	130元
⑳哦！原來如此	林慶旺編譯	130元
㉑趣味競賽100種	劉名揚編譯	120元
㉒數學謎題入門	宋釗宜編譯	150元
㉓數學謎題解析	宋釗宜編譯	150元
㉔透視男女心理	林慶旺編譯	120元
㉕少女情懷的自白	李桂蘭編譯	120元
㉖由兄弟姊妹看命運	李玉瓊編譯	130元
㉗趣味的科學魔術	林慶旺編譯	150元
㉘趣味的心理實驗室	李燕玲編譯	150元
㉙愛與性心理測驗	小毛驢編譯	130元

㉚刑案推理解謎	小毛驢編譯	130元
㉛偵探常識推理	小毛驢編譯	130元
㉜偵探常識解謎	小毛驢編譯	130元
㉝偵探推理遊戲	小毛驢編譯	130元
㉞趣味的超魔術	廖玉山編著	150元
㉟		

・健康天地・電腦編號18

①壓力的預防與治療	柯素娥編譯	130元
②超科學氣的魔力	柯素娥編譯	130元
③尿療法治病的神奇	中尾良一著	130元
④鐵證如山的尿療法奇蹟	廖玉山譯	120元
⑤一日斷食健康法	葉慈容編譯	120元
⑥胃部強健法	陳炳崑譯	120元
⑦癌症早期檢查法	廖松濤譯	130元
⑧老人痴呆症防止法	柯素娥編譯	130元
⑨松葉汁健康飲料	陳麗芬編譯	130元
⑩揉肚臍健康法	永井秋夫著	150元
⑪過勞死、猝死的預防	卓秀貞編譯	130元
⑫高血壓治療與飲食	藤山順豐著	150元
⑬老人看護指南	柯素娥編譯	150元
⑭美容外科淺談	楊啟宏著	150元
⑮美容外科新境界	楊啟宏著	150元

・實用心理學講座・電腦編號21

①拆穿欺騙伎倆	多湖輝著	140元
②創造好構想	多湖輝著	140元
③面對面心理術	多湖輝著	140元
④僞裝心理術	多湖輝著	140元
⑤透視人性弱點	多湖輝著	140元
⑥自我表現術	多湖輝著	150元
⑦不可思議的人性心理	多湖輝著	150元
⑧催眠術入門	多湖輝著	150元

・超現實心理講座・電腦編號22

①超意識覺醒法	詹蔚芬編譯	130元
②護摩秘法與人生	劉名揚編譯	130元
③秘法！超級仙術入門	陸　明譯	150元

④給地球人的訊息	柯素娥編著	150元
⑤密教的神通力	劉名揚編著	130元

•心靈雅集• 電腦編號00

①禪言佛語看人生	松濤弘道著	150元
②禪密教的奧秘	葉逯謙譯	120元
③觀音大法力	田口日勝著	120元
④觀音法力的大功德	田口日勝著	120元
⑤達摩禪106智慧	劉華亭編譯	150元
⑥有趣的佛教研究	葉逯謙編譯	120元
⑦夢的開運法	蕭京凌譯	130元
⑧禪學智慧	柯素娥編譯	130元
⑨女性佛教入門	許俐萍譯	110元
⑩佛像小百科	心靈雅集編譯組	130元
⑪佛教小百科趣談	心靈雅集編譯組	120元
⑫佛教小百科漫談	心靈雅集編譯組	150元
⑬佛教知識小百科	心靈雅集編譯組	150元
⑭佛學名言智慧	松濤弘道著	180元
⑮釋迦名言智慧	松濤弘道著	180元
⑯活人禪	平田精耕著	120元
⑰坐禪入門	柯素娥編譯	120元
⑱現代禪悟	柯素娥編譯	130元
⑲道元禪師語錄	心靈雅集編譯組	130元
⑳佛學經典指南	心靈雅集編譯組	130元
㉑何謂「生」　阿含經	心靈雅集編譯組	130元
㉒一切皆空　般若心經	心靈雅集編譯組	130元
㉓超越迷惘　法句經	心靈雅集編譯組	130元
㉔開拓宇宙觀　華嚴經	心靈雅集編譯組	130元
㉕真實之道　法華經	心靈雅集編譯組	130元
㉖自由自在　涅槃經	心靈雅集編譯組	130元
㉗沈默的教示　維摩經	心靈雅集編譯組	130元
㉘開通心眼　佛語佛戒	心靈雅集編譯組	130元
㉙揭秘寶庫　密教經典	心靈雅集編譯組	130元
㉚坐禪與養生	廖松濤譯	110元
㉛釋尊十戒	柯素娥編譯	120元
㉜佛法與神通	劉欣如編著	120元
㉝悟（正法眼藏的世界）	柯素娥編譯	120元
㉞只管打坐	劉欣如編譯	120元
㉟喬答摩•佛陀傳	劉欣如編著	120元
㊱唐玄奘留學記	劉欣如編譯	120元

㊲佛教的人生觀	劉欣如編譯	110元
㊳無門關（上卷）	心靈雅集編譯組	150元
㊴無門關（下卷）	心靈雅集編譯組	150元
㊵業的思想	劉欣如編著	130元
㊶佛法難學嗎	劉欣如著	140元
㊷佛法實用嗎	劉欣如著	140元
㊸佛法殊勝嗎	劉欣如著	140元
㊹因果報應法則	李常傳編	140元
㊺佛教醫學的奧秘	劉欣如編著	150元

・經 營 管 理・電腦編號01

◎創新經營六十六大計（精）	蔡弘文編	780元
①如何獲取生意情報	蘇燕謀譯	110元
②經濟常識問答	蘇燕謀譯	130元
③股票致富68秘訣	簡文祥譯	100元
④台灣商戰風雲錄	陳中雄著	120元
⑤推銷大王秘錄	原一平著	100元
⑥新創意・賺大錢	王家成譯	90元
⑦工廠管理新手法	琪　輝著	120元
⑧奇蹟推銷術	蘇燕謀譯	100元
⑨經營參謀	柯順隆譯	120元
⑩美國實業24小時	柯順隆譯	80元
⑪撼動人心的推銷法	原一平著	120元
⑫高竿經營法	蔡弘文編	120元
⑬如何掌握顧客	柯順隆譯	150元
⑭一等一賺錢策略	蔡弘文編	120元
⑮世界經濟戰爭	約翰・渥洛諾夫著	120元
⑯成功經營妙方	鐘文訓著	120元
⑰一流的管理	蔡弘文編	150元
⑱外國人看中韓經濟	劉華亭譯	150元
⑲企業不良幹部群相	琪輝編著	120元
⑳突破商場人際學	林振輝編著	90元
㉑無中生有術	琪輝編著	140元
㉒如何使女人打開錢包	林振輝編著	100元
㉓操縱上司術	邑井操著	90元
㉔小公司經營策略	王嘉誠著	100元
㉕成功的會議技巧	鐘文訓編譯	100元
㉖新時代老闆學	黃柏松編著	100元
㉗如何創造商場智囊團	林振輝編譯	150元
㉘十分鐘推銷術	林振輝編譯	120元

㉙五分鐘育才	黃柏松編譯	100元
㉚成功商場戰術	陸明編譯	100元
㉛商場談話技巧	劉華亭編譯	120元
㉜企業帝王學	鐘文訓譯	90元
㉝自我經濟學	廖松濤編譯	100元
㉞一流的經營	陶田生編著	120元
㉟女性職員管理術	王昭國編譯	120元
㊱ＩＢＭ的人事管理	鐘文訓編譯	150元
㊲現代電腦常識	王昭國編譯	150元
㊳電腦管理的危機	鐘文訓編譯	120元
㊴如何發揮廣告效果	王昭國編譯	150元
㊵最新管理技巧	王昭國編譯	150元
㊶一流推銷術	廖松濤編譯	120元
㊷包裝與促銷技巧	王昭國編譯	130元
㊸企業王國指揮塔	松下幸之助著	120元
㊹企業精銳兵團	松下幸之助著	120元
㊺企業人事管理	松下幸之助著	100元
㊻華僑經商致富術	廖松濤編譯	130元
㊼豐田式銷售技巧	廖松濤編譯	120元
㊽如何掌握銷售技巧	王昭國編著	130元
㊾一分鐘推銷員	廖松濤譯	90元
㊿洞燭機先的經營	鐘文訓編譯	150元
51ＩＢＭ成功商法	巴克・羅傑斯著	130元
52新世紀的服務業	鐘文訓編譯	100元
53成功的領導者	廖松濤編譯	120元
54女推銷員成功術	李玉瓊編譯	130元
55ＩＢＭ人才培育術	鐘文訓編譯	100元
56企業人自我突破法	黃琪輝編著	150元
57超級經理人	羅拔・海勒著	100元
58財富開發術	蔡弘文編著	130元
59成功的店舖設計	鐘文訓編著	150元
60靈巧者成功術	鐘文訓編譯	150元
61企管回春法	蔡弘文編著	130元
62小企業經營指南	鐘文訓編譯	100元
63商場致勝名言	鐘文訓編譯	150元
64迎接商業新時代	廖松濤編譯	100元
65透視日本企業管理	廖松濤　譯	100元
66新手股票投資入門	何朝乾　編	180元
67上揚股與下跌股	何朝乾編譯	150元
68股票速成學	何朝乾編譯	180元
69理財與股票投資策略	黃俊豪編著	180元

國立中央圖書館出版品預行編目資料

神奇白符呪／柳玉山人編著 --2版
--臺北市：大展，民83
面；　公分 --（命理與預言；27）
ISBN 957-557-441-9（平裝）

1. 符呪

295　　　　83002168

【版權所有・翻印必究】

神奇白符呪

ISBN 957-557-441-9
編 著 者／柳 玉 山 人
發 行 人／蔡 森 明
出 版 者／大展出版社有限公司
社　　址／台北市北投區（石牌）
致遠一路二段12巷1號
電　　話／（02）8236031・8236033
傳　　眞／（02）8272069
郵政劃撥／0166955－1
登 記 證／局版臺業字第2171號
法律顧問／劉 鈞 男 律師
承 印 者／高星企業有限公司
裝　　訂／日新裝訂所
排 版 者／千賓電腦打字有限公司
電　　話／（02）8836052
初　　版／1986年（民75年）8月
2　版／1994年（民83年）4月
定　　價／160元

●本書若有破損缺頁敬請寄回本社更換●

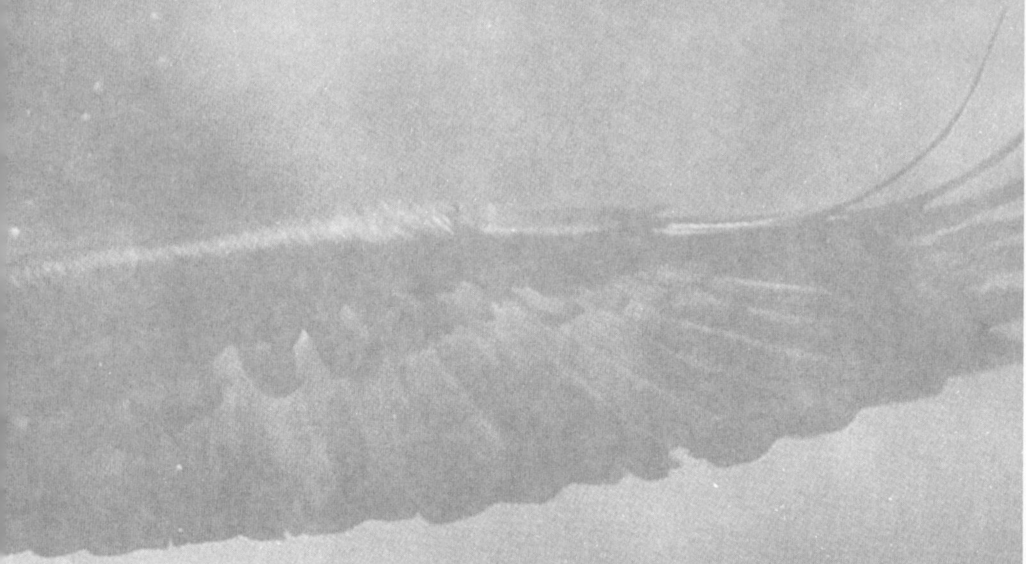

大展好書 好書大展

大展好書 好書大展